国家职业技能等级认定培训教材
国家基本职业培训包教材资源

# 网约配送员

(初级)

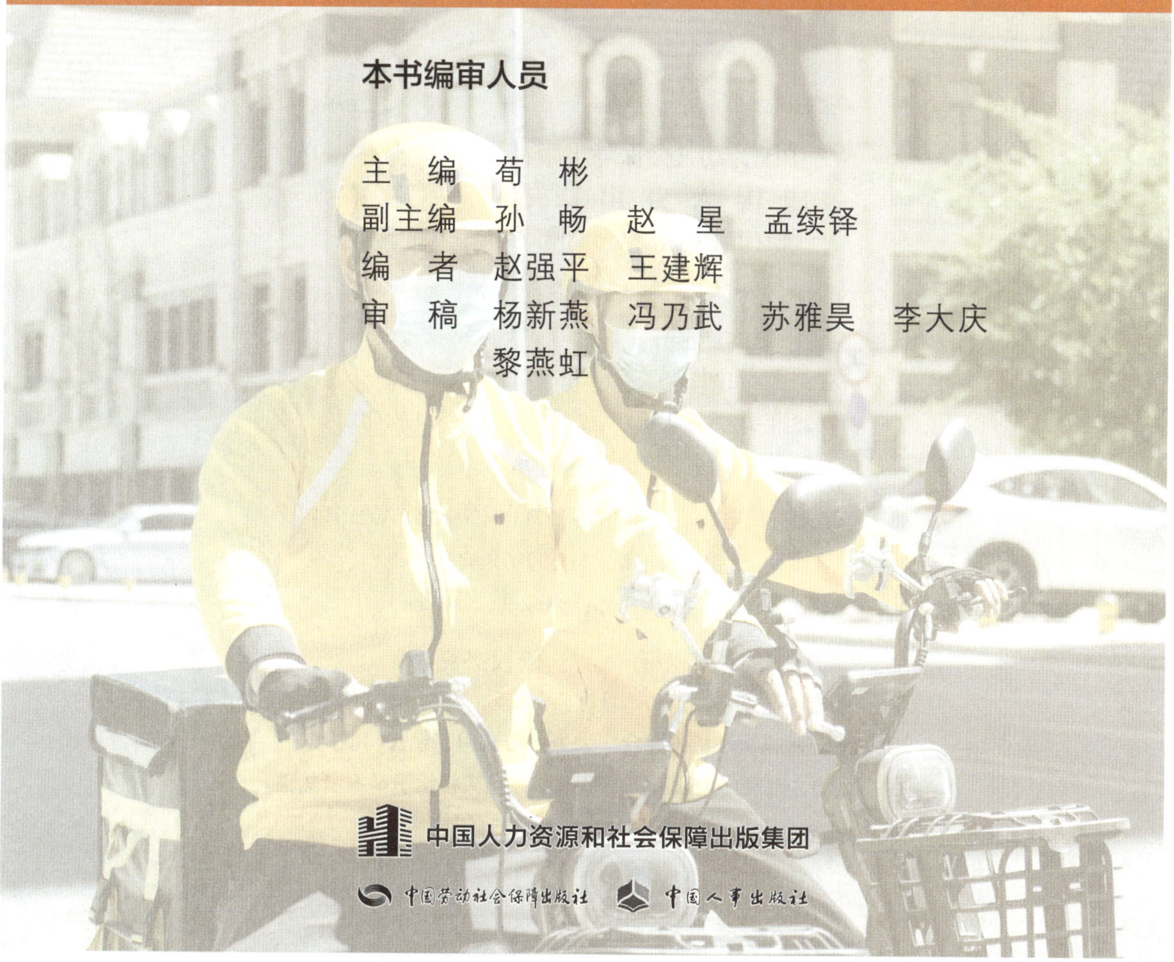

**本书编审人员**

主　编　荀　彬
副主编　孙　畅　赵　星　孟续铎
编　者　赵强平　王建辉
审　稿　杨新燕　冯乃武　苏雅昊　李大庆
　　　　黎燕虹

中国人力资源和社会保障出版集团
中国劳动社会保障出版社　中国人事出版社

图书在版编目(CIP)数据

网约配送员：初级／人力资源社会保障部教材办公室组织编写．－－北京：中国劳动社会保障出版社：中国人事出版社，2022

国家职业技能等级认定培训教材

ISBN 978-7-5167-5544-0

Ⅰ.①网… Ⅱ.①人… Ⅲ.①物资配送－职业技能－鉴定－教材 Ⅳ.①F252.14

中国版本图书馆 CIP 数据核字（2022）第 165493 号

中国劳动社会保障出版社
中国人事出版社 出版发行

（北京市惠新东街 1 号　邮政编码：100029）

\*

三河市华骏印务包装有限公司印刷装订　新华书店经销

787 毫米 ×1092 毫米　16 开本　7.5 印张　123 千字
2022 年 10 月第 1 版　2022 年 10 月第 1 次印刷
定价：24.00 元

读者服务部电话：（010）64929211/84209101/64921644
营销中心电话：（010）64962347
出版社网址：http://www.class.com.cn

版权专有　　侵权必究

如有印装差错，请与本社联系调换：（010）81211666
我社将与版权执法机关配合，大力打击盗印、销售和使用盗版图书活动，敬请广大读者协助举报，经查实将给予举报者奖励。
举报电话：（010）64954652

# 前言

为加快建立劳动者终身职业技能培训制度，大力实施职业技能提升行动，全面推行职业技能等级制度，推进技能人才评价制度改革，促进国家基本职业培训包制度与职业技能等级认定制度的有效衔接，进一步规范培训管理，提高培训质量，人力资源社会保障部教材办公室组织有关专家在《网约配送员国家职业技能标准（2021年版）》（以下简称《标准》）制定工作基础上，编写了网约配送员国家职业技能等级认定培训教材（以下简称网约配送员等级教材）。

网约配送员等级教材紧贴《标准》要求编写，内容上突出职业能力优先的编写原则，结构上按照职业功能模块分级别编写。该等级教材共包括《网约配送员（基础知识）》《网约配送员（初级）》《网约配送员（中级）》《网约配送员（高级）》《网约配送员（技师 高级技师）》5本。《网约配送员（基础知识）》是各级别网约配送员均需掌握的基础知识，其他各级别教材内容分别包括各级别网约配送员应掌握的理论知识和操作技能。

本书是网约配送员等级教材中的一本，是职业技能等级认定推荐教材，也是职业技能等级认定题库开发的重要依据，已纳入国家基本职业培训包教材资源，适用于职业技能等级认定培训和中短期职业技能培训。

本书在编写过程中得到美团（北京三快在线科技有限公司）的大力支持与协助，在此一并表示衷心感谢。

人力资源社会保障部教材办公室

# 目 录 CONTENTS

**培训模块一 订单接收与验视** ... 1

  培训项目1 接单前准备 ... 3
    培训单元1 手机、充电宝配送前调试与检查 ... 3
    培训单元2 配送车辆、配送餐箱安全及卫生检查 ... 5
    培训单元3 配送员自检 ... 11
    培训单元4 配送区域识别与检查 ... 14

  培训项目2 订单接收 ... 18
    培训单元1 订单推送与接收 ... 18
    培训单元2 网络定位与配送路径规划 ... 21

  培训项目3 订单核对 ... 24
    培训单元1 订单信息核对 ... 24
    培训单元2 订单外包装检查 ... 27

  培训项目4 接单后处理 ... 29
    培训单元1 核对订单补录信息 ... 29
    培训单元2 收据、发票检查与核对 ... 30
    培训单元3 预付款项结算 ... 33

**培训模块二 订单配送** ... 37

  培训项目1 配送前准备 ... 39
    培训单元1 客户联系与沟通 ... 39
    培训单元2 物品分类及存放 ... 41
    培训单元3 订单接收与配送顺序优化 ... 44

  培训项目2 配送服务 ... 50
    培训单元1 按时配送 ... 50
    培训单元2 配送物品验收与签收 ... 54
    培训单元3 配送清单与发票校验 ... 55

培训单元 4　在途物品包装保护 ………………………………… 56

　培训项目 3　配送后处理 …………………………………………… 59
　　培训单元 1　物品确认与上报 ……………………………………… 59
　　培训单元 2　超时赔付与上报 ……………………………………… 60

## 培训模块三　异常管理 …………………………………………… 63

　培训项目 1　客诉处理 ……………………………………………… 65
　　培训单元 1　投诉与索赔记录 ……………………………………… 65
　　培训单元 2　投诉与索赔移交 ……………………………………… 70

　培训项目 2　异常处理 ……………………………………………… 73
　　培训单元 1　异常订单发现 ………………………………………… 73
　　培训单元 2　异常订单上报 ………………………………………… 75

　培训项目 3　应急处理 ……………………………………………… 84
　　培训单元 1　紧急情况判定 ………………………………………… 84
　　培训单元 2　紧急情况处理及上报 ………………………………… 85

## 培训模块四　客户服务与开发 …………………………………… 87

　培训项目 1　客户服务 ……………………………………………… 89
　　培训单元 1　文明礼貌用语 ………………………………………… 89
　　培训单元 2　在线客户服务 ………………………………………… 91

　培训项目 2　客户维护 ……………………………………………… 95
　　培训单元 1　客户配送需求 ………………………………………… 95
　　培训单元 2　客户问题反馈 ………………………………………… 96

## 培训模块五　安全与质量管理 …………………………………… 99

　培训项目 1　公共安全防护 ………………………………………… 101
　　培训单元 1　公共卫生安全与防护 ………………………………… 101
　　培训单元 2　配送货款安全与防护 ………………………………… 104

　培训项目 2　安全管理防护 ………………………………………… 106
　　培训单元 1　道路交通事故处理 …………………………………… 106
　　培训单元 2　保险报案与处理 ……………………………………… 108

# 培训模块 一
# 订单接收与验视

培训项目1　接单前准备
培训项目2　订单接收
培训项目3　订单核对
培训项目4　接单后处理

# 培训项目 1　接单前准备

## 培训单元 1　手机、充电宝配送前调试与检查

1. 了解手机、充电宝的特点以及使用注意事项。
2. 掌握手机、充电宝配送前的调试与检查步骤。

### 一、手机使用注意事项

**1. 避免高耗电应用**

目前，网约配送员使用的手机多为智能手机，智能手机的屏幕一般较大，且为高亮、高清屏，所以耗能较大，应尽量避免长时间使用。在使用过程中应避免开启过多的应用程序，以减少电量的消耗和内存的占用。

**2. 定期查杀病毒**

智能手机相当于一个小型计算机，有黑客专门设计手机病毒使手机瘫痪，建议定期对手机查杀病毒。

### 二、充电宝使用注意事项

1. 充电宝充满电后不要再继续长时间充电。

2. 在给充电宝充电时，尽量使用专用充电器。

3. 不要将电池暴露在高温或严寒的环境下。

4. 不要使电池频繁耗竭。

技能操作

## 手机、充电宝配送前的调试与检查

### 一、操作准备

1. 实训场所要求

实训场所应具备教师演示和学员练习两个功能，选择人员流动性小、遮风挡雨、安静的场所。

2. 实训设备要求

准备手机、充电宝，且保证手机、充电宝的电量充足。

### 二、操作步骤

配送员在进行配送前要先对手机、充电宝进行调试与检查。确保手机具有完好的显示和足够的电量，不关机、不停机，可以正常上网；充电宝具有充足的电量，能保证工作期间手机的正常使用。

步骤1 手机配送前的调试与检查

（1）配送前一天晚上对手机和充电宝进行充电。

（2）检查手机是否能够正常通话、发短信等。

（3）检查手机是否具备无线接入互联网的能力。

（4）检查手机屏幕是否能正常显示。

（5）检查手机电量是否满格。

（6）检查数据线是否完好无损且能正常使用。

步骤2 充电宝配送前的调试与检查

（1）电量检测

1）按下充电宝启动按钮，指示灯显示，表示当前电量充足。

2）按下充电宝启动按钮，指示灯没有显示，表示电量已耗尽需要充电或设备出现故障。

（2）充电检测

1）充电宝一般有两个及以上的输出端口，即可同时为两部设备供电，两个输出端口输出电流之和的最大值为 1.5 A。

2）将手机数据线的一端插入手机的充电端口，再将另一端插入充电宝标识为 OUT 的任一输出端口。

3）按下充电宝启动按钮启动输出，手机显示处于充电状态。

### 三、注意事项

配送前应根据当日天气情况准备手机防水套、雨衣等工具。

# 培训单元 2　配送车辆、配送餐箱安全及卫生检查

1. 了解配送车辆、配送餐箱安全及卫生检查的主要内容。
2. 掌握配送车辆安全及卫生检查的主要方法和步骤。
3. 掌握配送餐箱安全及卫生检查的主要方法和步骤。

### 一、配送车辆内部检查内容

1. 检查电瓶框架有无严重腐蚀，与车架连接是否牢固可靠。
2. 照明装置及喇叭信号装置的电源应采用 12 V。

### 二、配送车辆外部检查内容

1. 检查车架、牵引钩、保险杠有无裂纹、变形，以及连接是否牢固。
2. 检查前大灯、转向灯、小灯、刹车灯及喇叭等信号装置是否齐全完好。

3. 转向机构检查

（1）转向盘应完整、光滑、无油污，与立管和导杆的连接牢固、可靠，转动灵活，转向盘的空转量不超过30°。

（2）拐臂、横拉杆和转向器应完好，无裂痕和变形。

（3）转向器、拐臂、横拉杆及转向桥上的转向臂之间连接可靠，配合间隙适中，转动灵活，无卡阻现象。

4. 前后轮检查

（1）前后轮钢圈完好、无变形，与轮胎配合良好。

（2）轮胎应完好，充气均匀。若轮胎表面严重磨损，即花纹磨平、帘线层外露时不应再用，应予以报废。严禁使用加了垫皮的轮胎或有洞的旧轮胎。

### 三、配送车辆使用注意事项

1. 电动车必须凭证驾驶。

2. 电动车严禁超长、超宽、超高装载，滚动物品必须绑扎牢固。

3. 行驶时，严禁踏下主令控制器转换方向。

4. 严禁超速行驶。平坦道路行驶速度不得超过 25 km/h；进出车间大门、仓库、危险地段的行驶速度不得超过 15 km/h。

5. 停放时应拉紧制动杆，切断电路；随身携带电动车电锁钥匙，禁止将其交予他人保管。

技能操作

## 技能1 配送车辆安全及卫生检查

### 一、操作准备

1. 实训场所要求

实训场所应具备教师演示和学员练习两个功能，选择人员流动性小、遮风挡雨、安静的场所。

2. 实训设备要求

准备足够数量的电动车，且电动车的电量充足。

## 二、操作步骤

步骤 1　环顾车辆四周，检查车辆是否有零部件松动或脱落现象，如图 1-1 所示。

图 1-1　检查零部件

步骤 2　检查车辆底部是否有油渍和水渍，确保没有油液的泄漏。如果车底有泄漏物，要用手触摸辨别一下是油渍还是水渍，并且确定是否为本车辆泄漏，如图 1-2 所示。

图 1-2　检查车辆底部

步骤 3　检查前后轮胎的气压，最好利用气压表进行测定，合理气压值应为 2.5 kPa。如果没有气压表，可以检查轮胎的花纹，最靠近两侧的花纹与地面的距离至少保持约 1 cm，如图 1-3 所示。

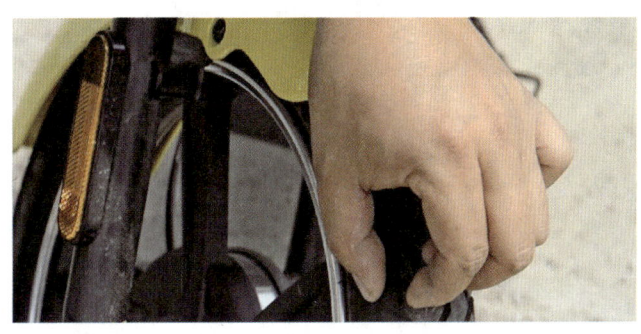

图 1-3　检查前后轮胎的气压

步骤4　坐到车上，活动一下转向盘，同时手握前后制动器（见图1-4），拧动车辆开关（见图1-5）。如果这些操控部件有卡顿、滞、涩的情况，应立即关闭开关检查。

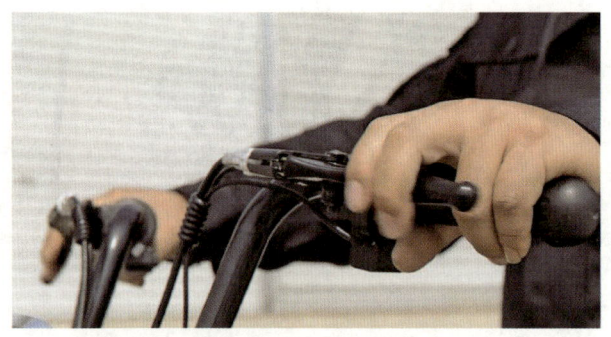

图1-4　手握前后制动器

图1-5　拧动电门开关

步骤5　打开车辆开关，确认车辆的电量，估计可以续航的里程数，如图1-6所示。

保持电量充足

图1-6　查看电量和续航里程数

步骤6　检查车辆信号装置，确保车灯、喇叭等信号装置正常，如图1-7所示。

图 1-7　检查车辆信号装置

步骤 7　用消毒液对车辆进行擦拭，保证车辆干净、卫生、无污物。

## 技能 2　配送餐箱安全及卫生检查

### 一、操作准备

1. 实训场所要求

实训场所应具备教师演示和学员练习两个功能，选择人员流动性小、遮风挡雨、安静的场所。

2. 实训设备要求

准备配送餐箱，以及若干泡沫板。

### 二、操作步骤

步骤 1　打开配送餐箱，去除箱内杂物，如图 1-8 所示。

图 1-8　去除箱内杂物

步骤 2　均匀喷洒清洁剂于配送餐箱内外，如图 1-9 所示。

步骤 3　用抹布擦拭配送餐箱内外表面，如图 1-10 所示。注意抹布不可混用。

图 1-9 均匀喷洒清洁剂于配送餐箱内外

图 1-10 用抹布擦拭配送餐箱内外部

步骤 4　将消毒液喷洒于配送餐箱内部，静置风干，如图 1-11 所示。风干完成后关闭配送餐箱。

图 1-11 静置风干

### 三、注意事项

1. 抹布应及时洗净，保持整洁无异味。
2. 如配送过程中遇到食物打翻，需及时进行清洁和消毒工作。
3. 清洗后的抹布须用消毒液浸泡。

# 培训单元3　配送员自检

1. 了解配送员的服装分类及要求。
2. 掌握配送前的自检流程。

## 一、仪容仪表

**1. 仪容仪表的概念**

仪容仪表是指人的外貌所表现的精神状态和文明程度。

**2. 仪容仪表的要求**

（1）身着配送服装，并保持干净、整洁。

（2）保持个人卫生，常剪指甲，常洗发。

（3）上班前洗脸刷牙，注意整理发型、服装，举止大方得体。

## 二、配送员的配送装备

**1. 配送员夏季服装**

配送员夏季服装包括夏季短袖和防晒服（见图1-12）。夏季服装具有如下特点：

（1）面料

采用运动速干吸湿面料，可快速吸湿排汗，使配送员在夏季跑单时保持干爽。

（2）网布

腋下采用侧身网布设计，透气排汗不贴身。

（3）反光条

反光条设计可保证夜间骑行更安全。

图1-12 配送员夏季服装

## 2. 配送员冬季服装

配送员冬季服装包括秋冬款冲锋衣和冬季款加厚棉服（见图1-13）。冬季服装具有如下特点：

（1）面料

加入三防助剂，可以防水、防污、防油。

（2）拉链

紧密顺滑，经久耐用。

（3）反光条

反光条设计可保证夜间骑行更安全。

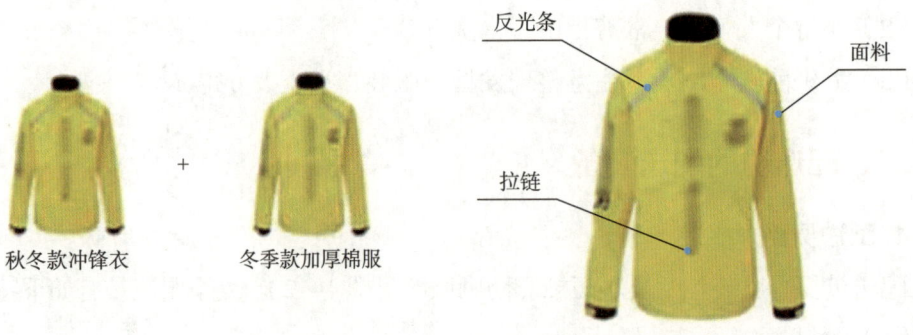

图1-13 配送员冬季服装

### 3. 配送员头盔

配送员头盔分为冬季头盔和夏季头盔（见图1-14）。头盔具有如下特点：

（1）盔体外壳采用ABS材质，能够经受轻度撞击，保护配送员头部安全。

（2）耐磨防雾镜片持久耐磨，冲、撞击后无碎裂、飞溅。

（3）内衬及下巴托均可调节，使佩戴更舒适。

（4）通风口设计使头盔内空气保持流通，不闷热。

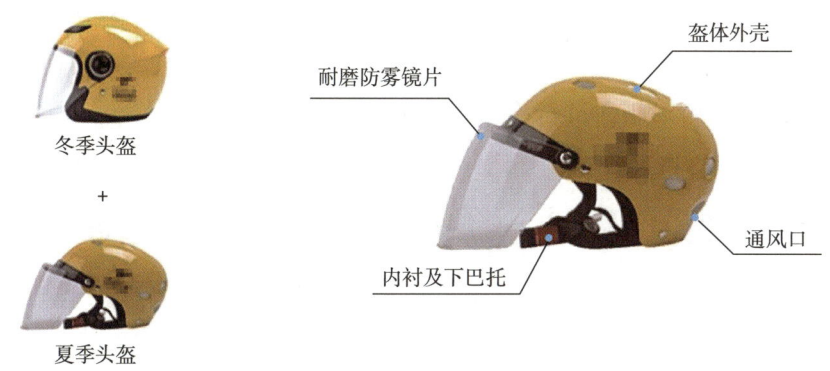

图1-14 配送员头盔

## 配送员自检

### 一、操作准备

1. 实训场所要求

实训场所应具备教师演示和学员练习两个功能，选择人员流动性小、遮风挡雨、安静的场所。

2. 实训设备要求

准备相应的夏季服装、冬季服装以及头盔等。

### 二、操作步骤

步骤1 仪容仪表检查

（1）头部检查

适时梳理头发，头部不能有头皮屑，发型要朴实、大方。

（2）面部检查

面部干净、自然、充满活力，给客户留下良好的印象。

（3）手部检查

手部清洗干净，指甲长度适当。

步骤2　服装检查

配送员配送期间身着配送服装，并保持干净、整洁，同时检查服装上的反光条是否污损、被遮挡。

步骤3　头盔检查

配送员配送前要对头盔进行检查，配送时正确佩戴头盔。

步骤4　鞋子检查

配送员配送期间只能穿布鞋、球鞋或皮鞋，严禁穿拖鞋工作。

# 培训单元4　配送区域识别与检查

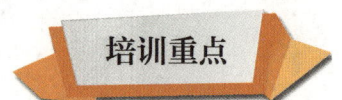

1. 了解城市区域、道路划分的相关知识。
2. 掌握配送区域识别与检查的步骤。

## 一、城市区域的划分

城市可按功能进行区域划分，如商业区、住宅区、工业区等为城市最基本的功能区。各功能区之间并无明确的界线，一个功能区往往以某种功能为主，也可以兼有其他功能。

城市功能复杂时，还会形成中心商务区、行政中心区、文化区、混合功能区、郊区等功能区，见表1-1。

表 1-1 城市区域划分

| 功能分区 | 组成 | 区位 | 特征 |
|---|---|---|---|
| 中心商务区 | 地区性、全国性或国际性的公司、商行、银行等 | 一般位于城市中心部位 | 建筑物密集，高楼林立，交通便利，通信发达，人口流动大，人口密度昼夜差异大 |
| 工业区 | 根据工业门类不同，由若干不同类的工厂组成 | 分布于城市边缘，交通便利，大多有河流或铁路通过 | 厂房巨大，烟囱高耸，存在着不同程度的环境污染现象 |
| 商业区 | 各种商业街和大商场（或超级商场） | 多位于市中心和交通干线的两侧或街角路口 | 建筑物以多层大厦为主，交通便利，人口密集，交通流量大 |
| 住宅区 | 成片住宅楼及配套的服务性设施 | 企业或单位职工住宅区与企业分布相邻或结合 | 占地面积大，基础设施配套齐全，相对封闭、独立 |
| 行政中心区 | 地区或城市的行政机构 | 交通方便，邻近服务对象 | 人口密度昼夜差异较大 |
| 文化区 | 大专院校、科研单位、图书馆、展览馆等文化机构 | 一般距工业区较远，具有较好的自然环境，交通便利，通信发达 | 文教机构众多，文化氛围浓厚 |
| 混合功能区 | 工厂、单位、商店、学校、医院、住宅等 | 多位于城市内部 | 具有有限的综合功能 |
| 郊区 | 包括近郊和远郊两部分 | 城市行政界线以内、建成区以外一定范围内的地区 | 是城市人口、住宅和工业扩散的直接承载区，为建成区提供后备土地资源和农副产品 |

## 二、城市道路的划分

城市道路主要分为过境公路、主要交通性干道、次要交通性干道、主要生活性干道、次要生活性干道、专用道路六大类。

## 三、配送路线的规划方法

1. 一般情况下在相应的 app 中，系统会帮助配送员规划已接订单的送单路线，按照此规划路线送单是最高效的。

2. 配送员可根据待确认派单的取送货地点与已接订单的送单路线的位置关系，评估待确认派单是否顺路。

## 配送区域的识别与检查

### 一、操作准备

1. 实训场所要求

实训场所应具备教师演示和学员练习两个功能，选择人员流动性小、遮风挡雨、安静的场所。

2. 实训设备要求

准备手机、充电宝以及相应的 app。手机和充电宝应电量充足。

### 二、操作步骤

步骤 1　打开相应的 app，进入接单页面。

步骤 2　在页面找到接单设置，点击进入。

步骤 3　接单后系统会根据配送员位置自动推荐导航路线。

步骤 4　配送员可根据自己当前的接单位置和需配送的目的地，利用导航地图进行配送前的路线规划。

步骤 5　配送路线规划好后，即可进入地图的全景模式（见图 1-15）或卫星模式（见图 1-16）查看配送地周围的环境和路况。

图 1-15　全景模式

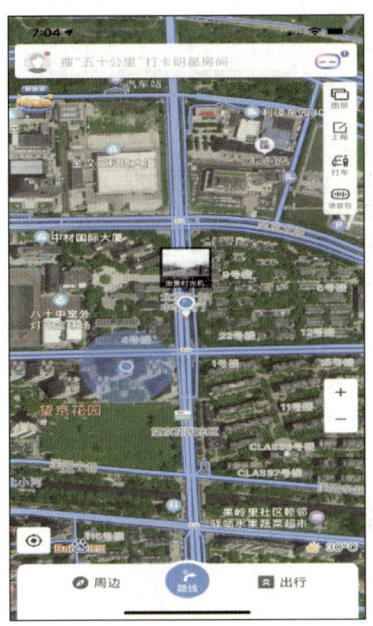

图 1-16 卫星模式

步骤 6 选择一条最优路线进行配送。

# 培训项目 2 订单接收

## 培训单元 1 订单推送与接收

1. 了解订单推送与接收的相关知识。
2. 掌握订单推送与接收的方法和步骤。

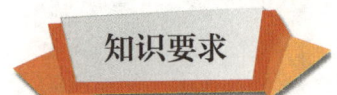

### 一、订单推送

订单推送是指系统为配送员自动推送客户订单。配送员应尽可能接收系统推送的订单,尽量少拒单,否则系统推送的订单会越来越少。

### 二、订单接收

订单接收有两种方式,一种是接收系统推送订单,另一种是抢单。无论选择哪种方式,接单量均不宜过大。

**1. 接收系统推送订单**

配送员点击上线后,如果附近有单,系统就会自动为配送员推送,并提示配送员选择接收或者拒绝。

## 2. 抢单

配送员点击上线，抢单页面出现后，即可根据自己的接单偏好自主点击抢单进行操作。

## 订单推送与接收

### 一、操作准备

1. 实训场所要求

实训场所应具备教师演示和学员练习两个功能，选择人员流动性小、遮风挡雨、安静的场所。

2. 实训设备要求

准备多部手机、充电宝以及相应的 app，手机和充电宝应电量充足。

### 二、操作步骤

步骤 1　接单前，在 app 里进行设置。点击左下角接单设置，进行订单推送与接收的设置，如图 1-17 所示。

步骤 2　点击接单模式，选择近单模式或同城模式。同时接单量可以根据自己的情况进行选择，如图 1-18 所示。

步骤 3　打开自动接起派单，即可接收系统的推送订单，如图 1-19 所示。

图 1-17　接单设置

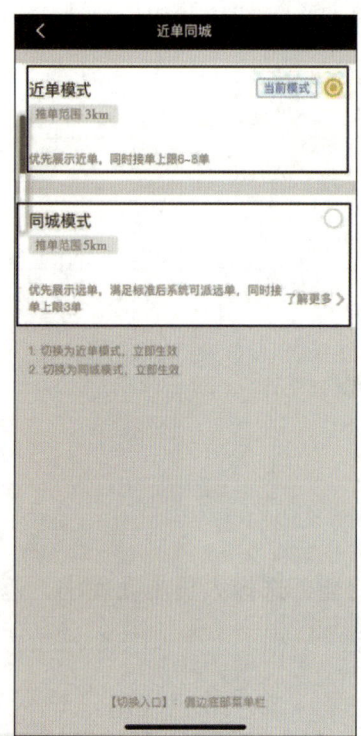

图 1-18　接单模式选择

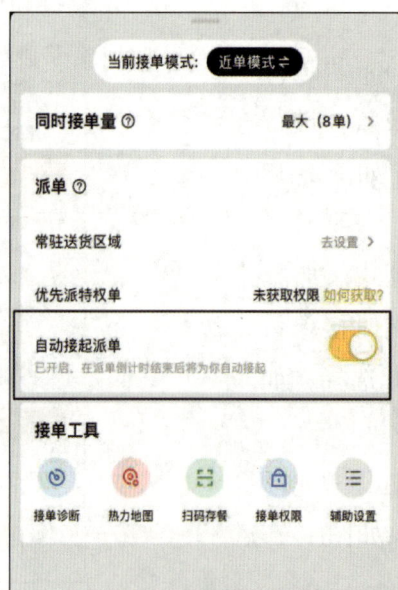

图 1-19　打开自动接起派单

步骤4　设置完成点击上线，人脸识别后即可接收系统推送订单或抢单，如图1-20所示。

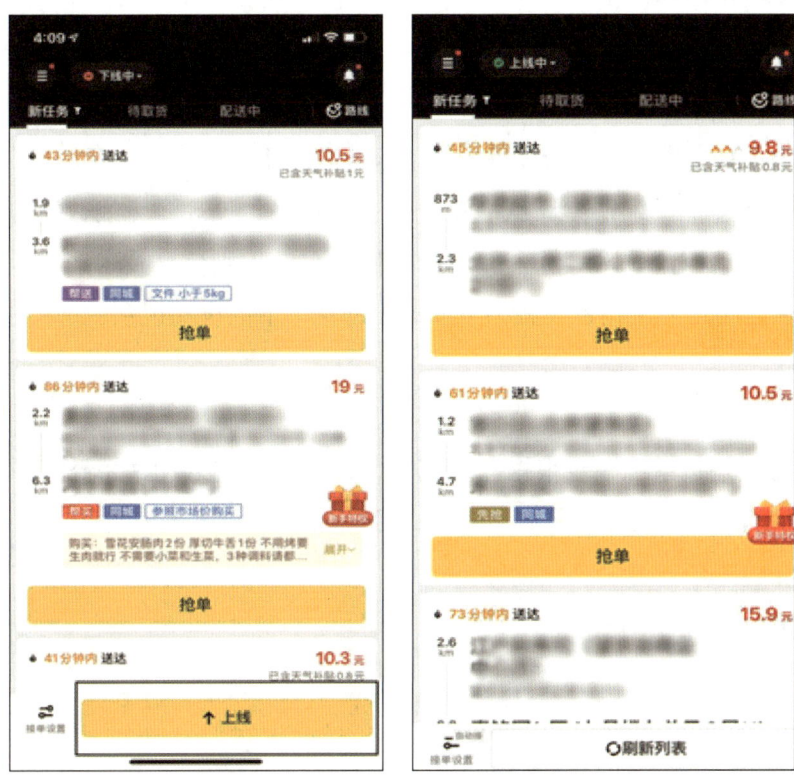

图1-20　接单

# 培训单元2　网络定位与配送路径规划

1. 了解网络定位与配送路径规划的相关知识。
2. 掌握网络定位与配送路径规划的流程和步骤。

## 一、网络定位

网络定位是指通过运营商提供的网络服务获取手机用户的位置信息。

电子网络定位系统是集计算机软硬件、信息采集处理、无线数据传输、网络数据通信、自动控制技术等综合应用为一体的自动识别信息技术产品，可以实现对不同物体（包括人）在不同状态（移动、静止）下的自动识别。

## 二、配送路径

配送路径是指系统平台根据已接订单帮助配送员规划的送单路线，一般按照此路线送单的效率是最高的。

## 网络定位与配送路径规划

### 一、操作准备

1. 实训场所要求

实训场所应具备教师演示和学员练习两个功能，选择人员流动性小、遮风挡雨、安静的场所。

2. 实训设备要求

准备多部手机、充电宝以及相应的 app，手机和充电宝应电量充足。

### 二、操作步骤

步骤1 设置常驻送货区域，并熟悉配送区域。进入接单页面，点击接单设置，再点击常驻送货区域。

步骤2 熟悉配送区域，并记住主要道路和小区。

（1）熟悉交通道路和标志性建筑。例如，是否有电动车可以通过的天桥，是否有容易发生交通管制的路段。

（2）熟悉商家位置。例如，是否有密集的商业圈或美食城等，是否能确定商家的分布位置，是否有出餐较慢的商家。

（3）熟悉客户位置（社区/写字楼/高校）。

步骤3　设置合理接单量。进入接单页面，点击接单设置，再点击同时接单量，进行接单量设置。对于新配送员来说，合理的接单量为2~3单。

步骤4　根据所接订单规划路线。接到多单后不知道怎么送，可点击系统页面右上角的S形标志，如图1-21所示的红色框，系统会自动规划配送路线，配送员可根据实际订单情况配送。

图1-21　系统推荐派单路线

步骤5　将导航设置为骑行模式，根据提示音完成配送。

# 培训项目 3 订单核对

## 培训单元1　订单信息核对

1. 了解订单信息相关知识。
2. 掌握订单信息核对的流程与步骤。

### 一、订单信息内容

订单信息主要包括商家名称、订单编号、商品信息和数量、客户信息、联系方式、送货地址、备注信息等内容。

### 二、订单信息核对

订单信息核对是指配送员接收系统推单或抢单后到店取货,根据订单信息核对商家名称、订单编号、商品信息和数量、客户信息、联系方式、送货地址和备注信息。尤其要注意核对商品信息和数量以及备注信息,备注信息上往往会有客户的特殊要求,取餐时要注意向商家确认。

# 订单信息核对

## 一、操作准备

1. 实训场所要求

实训场所应具备教师演示和学员练习两个功能，选择人员流动性小、遮风挡雨、安静的场所。

2. 实训设备要求

准备多部手机、充电宝以及相应的app，手机和充电宝应电量充足。

## 二、操作步骤

步骤1　接收系统推单或抢单后，进入待取货页面，如图1-22所示，须在订单配送时间内完成配送。

图1-22　待取货

步骤2　按照系统配送路径到商家取货，如图1-23所示。

步骤3　到店后，要在店内点击上报到店，如图1-24所示。

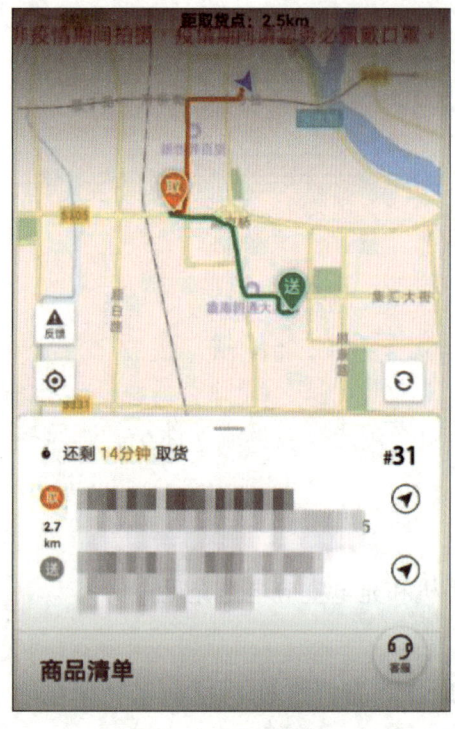 

图1-23 配送路径　　　　　　　　图1-24 上报到店

步骤4　取餐并核对订单信息。首先核对订单归属，其次核对订单信息。

（1）核对订单编号。

（2）核对商品信息和数量。

（3）核对客户信息、联系方式、送餐地址。

（4）确认备注信息上是否有客户的特殊要求。

步骤5　取完货后点击我已取货，如图1-25所示。

图1-25　已取货

步骤6 按照系统导航送货。

# 培训单元2 订单外包装检查

1. 了解订单外包装检查的内容和基本要求。
2. 掌握订单外包装检查的流程与步骤。

## 一、订单外包装检查的内容

配送员接到的订单一般分为普通订单和特殊订单。对于普通订单，主要检查配送物品外包装是否完好、有无破损，商品清单是否钉在外包装上；对于特殊订单，如饮料、汤汁等，还要检查内容物是否会洒出来。

## 二、订单外包装检查的基本要求

### 1. 普通订单外包装检查要求

外包装打包是否结实，封口是否封住且无裂开；商品清单是否钉在外包装上。

### 2. 特殊订单外包装检查要求

（1）药品

检查外包装是否严密，封口是否封住且无破损。

（2）鲜花类

务必检查外包装的完整性。

（3）饮料、汤汁类

检查外包装是否结实，轻微晃动有无洒出。

（4）蛋糕类

检查外包装是否严密，有无破损，提醒商家配备冰袋。

技能操作

## 订单外包装检查

### 一、操作准备

1. 实训场所要求

实训场所应具备教师演示和学员练习两个功能，选择人员流动性小、遮风挡雨、安静的场所。

2. 实训设备要求

准备多部手机、充电宝以及相应的 app，手机和充电宝应电量充足；一定数量的保鲜膜、保鲜袋及捆扎绳。

### 二、操作步骤

步骤1　到店取餐。

步骤2　核对订单信息，区分是普通商品还是特殊商品。

（1）对于普通商品，依据商品清单检查物品外包装有无破损、打包是否结实。

（2）对于特殊商品，根据具体类别对物品外包装进行检查并确认无误。

步骤3　按照系统导航送餐。

## 培训项目 4　接单后处理

## 培训单元 1　核对订单补录信息

1. 了解订单补录的基本要求。
2. 掌握订单补录的流程与步骤。

### 一、订单补录的基本概念

**1. 订单**

订单是指企业或个人向供应商发出的订货凭据。

**2. 订单补录**

订单补录是指按照客户的需求进行订单信息补录，如添加客户收货地址、添加客户联系方式、增加购货信息等。

### 二、订单补录的基本要求

1. 配送员进行订单补录的前提是客户提出申请，配送员可根据客户的需求指导其在平台进行订单信息补录。

2. 订单信息补录完成后，配送员根据平台新下发的订单信息进行商品配送，注意在派送前一定要进行信息核对，如商品数量、客户变更后的信息等。

3. 若客户要求变更收货地址，变更范围只能在 3 km 以内。

## 核对补录订单信息

### 一、操作准备

1. 实训场所要求

实训场所应具备教师演示和学员练习两个功能，选择人员流动性小、遮风挡雨、安静的场所。

2. 实训设备要求

准备多部手机、充电宝以及相应的 app，手机和充电宝应电量充足。

### 二、操作步骤

步骤1　客户提出修改订单或补录订单信息的要求。

步骤2　引导客户在平台进行订单信息的修改或补录。

步骤3　等待平台审核客户提出的申请。

步骤4　审核通过后，进一步与客户核实信息，确保信息无误。

步骤5　根据平台新下发的订单信息进行商品配送。

# 培训单元2　收据、发票检查与核对

1. 了解收据、发票检查与核对的基本内容和要求。

2. 掌握收据、发票检查与核对的流程与步骤。

## 一、收据

### 1. 收据的含义

收据是指企事业单位在经济活动中使用的原始凭证,主要是指财政部门印制的盖有财政票据监制章的收付款凭证,用于行政事业性收入,即非应税业务。

没有使用发票的场合,一般都应该使用收据。收据是重要的原始凭证。

收据与人们日常所说的"白条"不能画等号,收据也是一种收付款凭证,它有种类之分。至于能否入账,则要看收据的种类及使用范围。

### 2. 收据的种类

收据可以分为外部收据和内部收据。

（1）外部收据分为税务部门监制、财务部门监制、部队监制三种。

1）单位之间发生业务往来,收款方在收款以后不需要纳税的,收款方就可以开具税务部门监制的收据。

2）行政事业单位发生的行政事业性收费,可以使用财务部门监制的收据。

3）单位与部队之间发生业务往来,按照规定不需要纳税的,可以使用部队监制的收据,这种收据也是合法的凭据,可以入账。

（2）内部收据是单位内部的自制凭据,用于单位内部发生的业务,如材料内部调拨、收取员工押金、退还多余出差借款等。此类内部自制收据是合法的凭据,可以作为成本费用入账。

除上述几种收据外,单位或个人在收付款时使用的其他自制收据,就是日常所说的"白条",是不能作为凭证入账的。

## 二、发票

### 1. 发票的含义

发票是指经济活动中,由出售方向购买方签发的文本,内容包括向购买方提供产品或服务的名称、质量、协议价格。发票是发生的成本、费用或收入的原始凭证,也是会计核算账务的重要凭证。

**2. 发票的种类**

发票分为普通发票和增值税专用发票。

（1）普通发票

普通发票主要由营业税纳税人和增值税小规模纳税人使用，增值税一般纳税人在不能开具增值税专用发票的情况下也可以使用普通发票。普通发票由行业发票和专用发票组成。前者适用于某个行业和经营业务，如商业零售统一发票、商业批发统一发票、工业企业产品销售统一发票等；后者仅适用于某一经营项目，如广告费用结算发票、商品房销售发票等。

（2）增值税专用发票

增值税专用发票是我国实施新税制的产物，是国家税务部门根据增值税征收管理需要而设定的，专用于纳税人销售或者提供增值税应税项目的一种发票。增值税专用发票既具有普通发票的内涵，同时还具有比普通发票更特殊的作用。它不仅是记载商品销售额和增值税税额的财务收支凭证，而且是兼记销货方纳税义务和购货方进项税额的合法证明，是购货方据以抵扣税款的法定凭证，对增值税的计算起着关键性作用。

## 三、收据、发票检查与核对的基本内容和要求

**1. 收据**

收据的基本内容一般包括：票头、客户名称、商（产）品名称或经营项目、计量单位、数量、单价、大小写金额、经手人、单位印章、开票日期等。

**2. 发票**

发票的基本内容一般包括：发票的名称、发票代码和号码、联次及用途、客户名称、开户银行及账号、商品名称或经营项目、计量单位、数量、单价、大小写金额、开票人、开票日期、开票单位（个人）名称（章）等。实行增值税的单位所使用的增值税专用发票还应有税种、税率、税额等内容。

开具收据或发票前，要和客户充分沟通，因为收据和发票会上传到平台，一旦发生纠纷则有据可查。因此，在开具收据、发票时，要注意核对具体的内容信息。

## 收据、发票的检查与核对

### 一、操作准备

1. 实训场所要求

实训场所应具备教师演示和学员练习两个功能，选择人员流动性小、遮风挡雨、安静的场所。

2. 实训设备要求

准备多部手机、充电宝以及相应的 app，手机和充电宝应电量充足。

### 二、操作步骤

步骤 1　抢单或接收系统推单。

步骤 2　接到订单后与客户进行沟通，核实订单信息。

步骤 3　按照订单要求进行商品采购，同时提醒商家开具收据或发票。

步骤 4　核对收据或发票内容。

步骤 5　将收据或发票拍照上传到平台，供结账时使用。

# 培训单元 3　预付款项结算

1. 了解预付款项结算的基本要求。

2. 掌握预付款项结算的流程与步骤。

## 一、预付款的基本含义

预付款是指为允许提供的劳务或产品预先支付的货币。一般为了避免纠纷，预付的商品包括食品饮料、日用品、非处方药物、计生用品以及其他用品等，特别注意禁止对限禁用品进行预付。

## 二、预付款项结算的基本要求

进行商品预付或垫付时，要先与客户进行沟通、协商，购买完成后让客户在平台上进行在线支付与结算。对高价值商品进行预付或垫付后，应立即与客户联系确认商品价值并发起线上支付。切记不要通过微信、支付宝等方式私下和客户进行结算。

### 预付款项结算

**一、操作准备**

1. 实训场所要求

实训场所应具备教师演示和学员练习两个功能，选择人员流动性小、遮风挡雨、安静的场所。

2. 实训设备要求

准备多部手机、充电宝以及相应的app，手机和充电宝应电量充足。

**二、操作步骤**

步骤1　接单后确认购买商品，如图1-26所示，并第一时间电话联系客户。

步骤2　到达购买地址，购买商品预付或垫付商品费用并索要购物小票。如果客户需要收据或发票，提醒商家开具收据或发票，并核实内容。

步骤3 商品购买完成后，一定要将商品、购物小票、收据、发票等的照片或其他支付凭证上传到系统，只有这样才能完成取货操作，如图1-27所示。

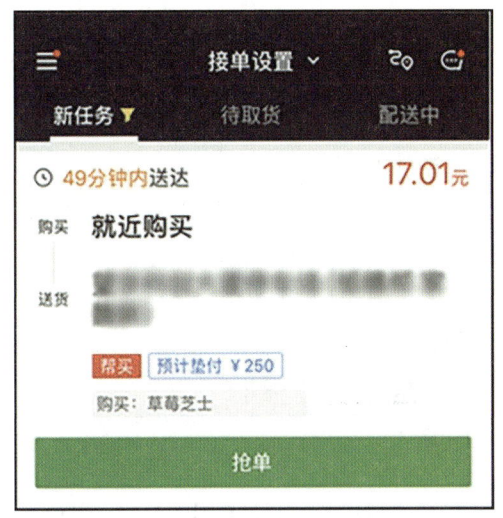

图1-26 确认购买商品

图1-27 完成商品购买

步骤4 发起在线支付。核实购买商品与客户订单是否一致，电话联系客户。

步骤5 商品送达。客户验收后提供收货码签收，如图1-28所示。

图1-28 商品送达

注意：客户未完成付款时，千万不要输入收货码，如图1-29所示。

图1-29 费用结算

步骤6 点击完成。点击完成前再次确认客户是否已经完成在线支付,避免财务损失。

# 培训模块 二
# 订单配送

培训项目1　配送前准备
培训项目2　配送服务
培训项目3　配送后处理

培训模块二　订单配送

# 培训项目 1　配送前准备

## 培训单元1　客户联系与沟通

1. 了解客户联系与沟通的标准服务话术。
2. 掌握客户联系与沟通的流程与步骤。

### 一、客户联系与沟通的标准服务话术

1."您好，××配送！您的××订单到了，谢谢/再见/一会儿见！"

（1）"您好"。问好，给客户留下良好的第一印象。

（2）"××配送"。自报家门，向客户表明身份。

（3）"您的××订单到了"。明确对应订单及订单状态，让客户知道沟通的目的，确定沟通的主题。

2.问好+自报家门+明确对应订单及订单状态+表明沟通目的。

按照这个结构去联系客户，沟通会变得很顺畅，出现问题的概率大大降低。

## 二、客户联系与沟通中使用标准服务话术的重要性

1. 随着快递业务的不断发展，配送业务已经不仅仅局限于外卖。无论订单种类如何扩充，都需要配送员将物品送到客户手中，所以联系客户时使用"××配送"自报家门符合实际情况和业务特点。

2. 随着客户对配送业务使用频次的增加，经常会遇到一个客户有多个订单的情况，若一个客户同时点了不同类别的订单或者不同平台的订单，配送员就更应该提醒客户所配送的订单类型，以便其做出更合理的安排。

3. 标准服务话术可以帮助配送员用最简洁的语言确定沟通中需要表达的要点，可以提高沟通效率，提升客户体验感。

## 客户联系与沟通

### 一、操作准备

1. 实训场所要求

实训场所应具备教师演示和学员练习两个功能，选择人员流动性小、遮风挡雨、安静的场所。

2. 实训设备要求

准备多部手机、充电宝以及相应的 app，手机和充电宝应电量充足。

### 二、操作步骤

步骤1　客户下单→配送员接单。

步骤2　接单后第一时间联系客户。

（1）电话沟通内容

1）帮买的物品是什么。

2）是否有指定的购买地址。

3）客户预期的商品价格是多少。

4）送货地址在哪里。

5）告知订单预计送达的时间。

（2）沟通话术

1）您好，××跑腿（快递）为您服务！

2）请问您要购买的东西是×××吗？（根据客户下单描述内容进行确认）

3）请问指定购买地址是×××吗？（如果订单有指定地址）

4）我准备去×××地方购买是否可以？（如果订单没有指定地址）

5）要买的东西您知道大概多少钱吗？到店后是否需要跟您确认价格再购买？

6）您的收货地址是×××吗？

7）您的订单预计送达时间是××点，我会尽快把订单送到，谢谢您！

步骤3　到达商家购买商品。

步骤4　送达客户并完成支付。

# 培训单元2　物品分类及存放

1. 了解物品分类及存放的基本要求。
2. 掌握物品分类及存放的流程与步骤。

## 一、物品分类

**1. 普通物品**

普通物品主要指食品、日用品以及其他日常用品等。

**2. 特殊物品**

特殊物品主要指易燃易碎易洒物品、生鲜物品、非处方药物、计生用品以及其他特殊用品等。

### 3. 违禁物品

（1）濒危野生动物及其制品。

（2）毒品及吸毒工具、非正当用途的麻醉药品和精神药品、非正当用途的易制毒化学品等。

（3）管制刀具、易燃易爆化学物品、枪支（含仿制品、主要零部件）、弹药等。

（4）法律、行政法规、国务院和国务院有关部门规定禁止寄递的其他物品。

## 二、物品存放的基本要求

配送员在进行物品存放时应遵循的基本原则包括：

1. 生熟分开，冷热分开。
2. 重物在下，轻物在上。
3. 体积大的在下，体积小的在上。
4. 易碎物品轻拿轻放。
5. 药物、计生用品注意保护隐私。
6. 生鲜物品存放时注意温度，提醒商家配备冰袋。

技能操作

# 物品分类及存放

## 一、操作准备

1. 实训场所要求

实训场所应具备教师演示和学员练习两个功能，选择人员流动性小、遮风挡雨、安静的场所。

2. 实训设备要求

准备多部手机、充电宝以及相应的 app，手机和充电宝应电量充足；配送餐箱、小挂钩、隔板以及泡沫垫若干。

## 二、操作步骤

步骤1  客户下单→配送员接单。若为违禁物品应拒收，同时上报平台。

步骤2　根据用户订单，对物品进行区分。

（1）饮料类物品。竖放泡沫垫贴紧物品，以起到加固作用，如图2-1所示。

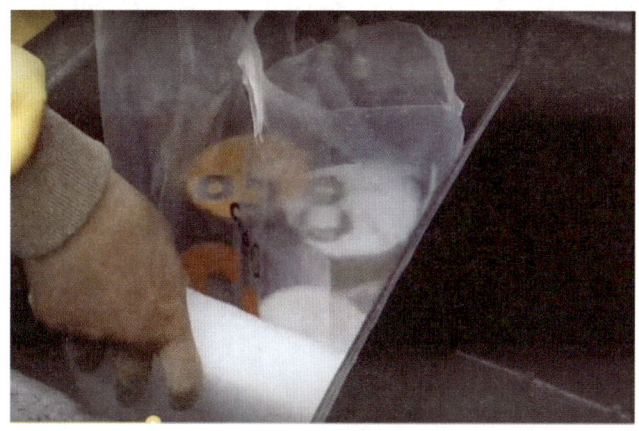

图2-1　饮料类物品加固

（2）汤汁类物品。用隔板和泡沫垫加固摆放，防止汤汁洒漏，如图2-2所示。

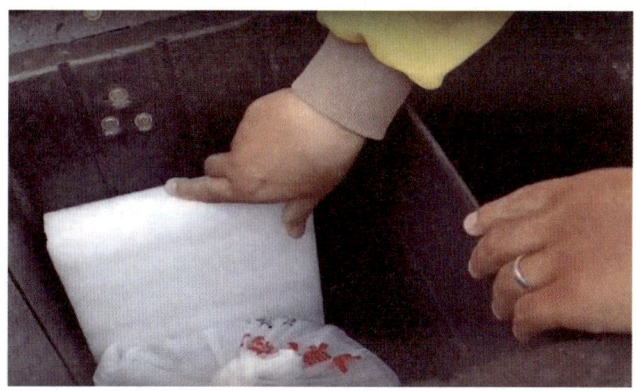

图2-2　汤汁类物品加固

### 三、注意事项

1.多物品摆放时，注意大不压小，重不压轻，冷热分开，用泡沫垫承重及缓震。

2.具有特殊气味的物品隔离摆放，防止串味。

# 培训单元3　订单接收与配送顺序优化

1. 了解接单模式的分类。
2. 掌握订单接收的流程。
3. 掌握配送顺序优化的方法。

## 一、接单模式分类

接单模式一般分为两种：近单模式和同城模式。

### 1. 近单模式

近单模式是指配送员定位与商家定位的距离在3 km，且为配送员优先展示近单的接单模式，一般同时接单量上限为6~8单。

### 2. 同城模式

同城模式是指配送员定位与商家定位的距离在5 km，且为配送员优先展示远单的接单模式，一般同时接单量上限为3单。

## 二、订单接收的流程

配送员打开app→点击上线→选择接单模式→系统根据接单模式推送订单→配送员根据自己的位置分析配送路线→根据配送路线接收系统推送的订单或抢单。

## 三、配送顺序优化方法

配送员接单后的配送顺序优化方法是：先送配送时间短的订单，再送配送时间长的订单；先送距离近的订单，再送距离远的订单。

## 技能 1　订单接收

### 一、操作准备

1. 实训场所要求

实训场所应具备教师演示和学员练习两个功能，选择人员流动性小、遮风挡雨、安静的场所。

2. 实训设备要求

准备多部手机、充电宝以及相应的 app，手机和充电宝应电量充足。

### 二、操作步骤

步骤 1　进入接单页面，点击页面左下角的接单设置，如图 2-3 所示。

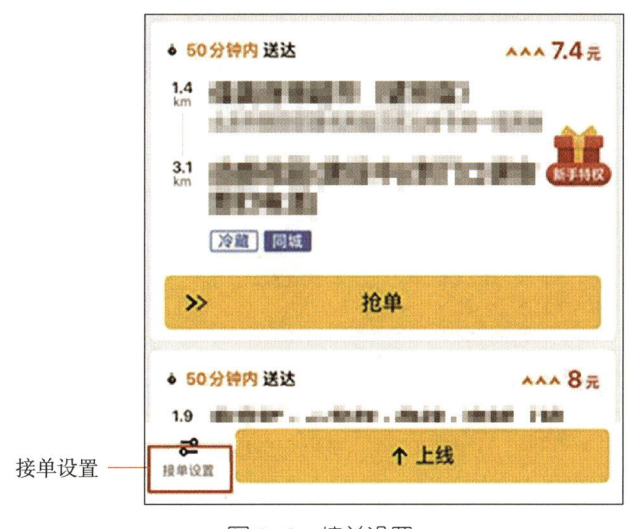

图 2-3　接单设置

步骤 2　进入接单设置页面，点击顶端的接单模式，如图 2-4 所示。

步骤 3　根据自己的接单偏好，选择近单模式或同城模式，如图 2-5 所示。

图 2-4 更改接单模式

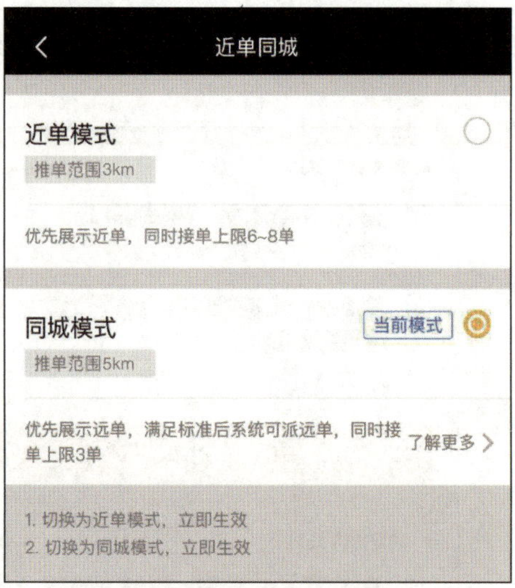

图 2-5 选择接单模式

步骤 4 接收系统派单。点击近单模式，进入接单模式设置；点击同时接单量，对接单量进行调整，一次同时接单量最大为 6~8 单；打开自动接起派单，即可收到系统的派单，如图 2-6、图 2-7 所示。

步骤 5 自主抢单。当抢单列表出现比较顺路或配送距离较近的订单时，可以点击抢单按钮，自主抢单，如图 2-8 所示。

培训模块二　订单配送

图 2-6　设置同时接单量和自动接起派单

图 2-7　系统派单

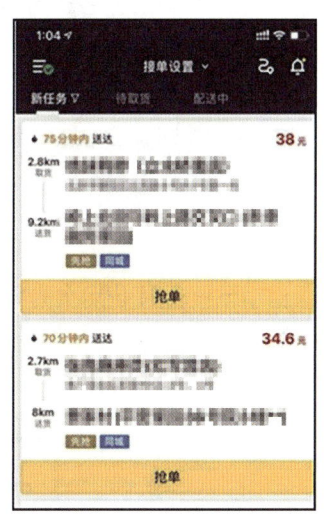

图 2-8　自主抢单

## 技能 2　配送顺序优化

### 一、操作准备

1. 实训场所要求

实训场所应具备教师演示和学员练习两个功能，选择人员流动性小、遮风挡雨、安静的场所。

2. 实训设备要求

准备多部手机、充电宝以及相应的 app，手机和充电宝应电量充足。

47

## 二、操作步骤

步骤1　接单后仔细查看地址。若为陌生位置，可以求助周围配送员。

步骤2　取餐后查看订单信息，细心的客户可能会留下位置线索。

步骤3　根据所接订单规划路线，先送配送时间短的订单，再送配送时间长的订单；先送距离近的订单，再送距离远的订单。

步骤4　可参照系统规划的已接单的送单路线进行配送，一般按照此路线送单效率是最高的，如图2-9所示。数字代表送单顺序。

图2-9　系统规划送单路线

步骤5　点击地图上某个点可以查看该点的详细位置信息，如图2-10所示。

图2-10　详细位置信息

步骤 6　点击或上滑页面底部列表可以查看所有订单的路线规划，如图 2-11 所示。

图 2-11　查看路线规划

步骤 7　评估待确认派单是否顺路，如图 2-12 所示。

图 2-12　评估待确认派单

# 培训项目 2 配送服务

## 培训单元 1 按时配送

1. 了解《外卖配送服务规范》的相关内容。
2. 了解按时配送的相关内容。
3. 掌握按时配送的流程与步骤。

### 一、《外卖配送服务规范》的内容

《外卖配送服务规范》主要包括五个方面的内容:

1. 商户应在 10 min 内确认订单。
2. 配送员到达消费者门口应轻声敲门。
3. 配送员不应进入消费者家中。
4. 配送员应年满 18 周岁。
5. 禁止收取小费等行为。

### 二、预约订单

预约订单是指需要在指定时间内送达的订单。未在客户规定时间内送达属于违规，可能遭到客户投诉。

### 三、按时配送

按时配送是指在规定的时间范围内，将客户预约订单中的物品送达客户指定位置。

### 四、预约订单取货、送达时间要求

**1. 到店/取货时间**

外卖预约订单无要求。帮买预约订单不可超过预约送达时间，帮送预约订单需要早于预约取件时间。

**2. 送达时间**

外卖/帮买预约订单需要在预约送达时间前 15 min 内或后 8 min 内于客户处点击送达，提前或超时送达都会产生违规罚单；帮送预约订单的送达时间以订单展示时间为考核标准。

### 五、按时配送的流程

配送员接单→确认订单→规划配送顺序→按时到商家取餐并确认到店→联系客户→确认物品送达的指定位置→配送→物品送达客户指定位置→配送完成，上报系统平台。

按时配送

### 一、操作准备

1. 实训场所要求

实训场所应具备教师演示和学员练习两个功能，选择人员流动性小、遮风挡雨、安静的场所。

2. 实训设备要求

准备多部手机、充电宝以及相应的 app，手机和充电宝应电量充足。

## 二、操作步骤

步骤1　接单前在系统平台进行接单设置，如图2-13所示。

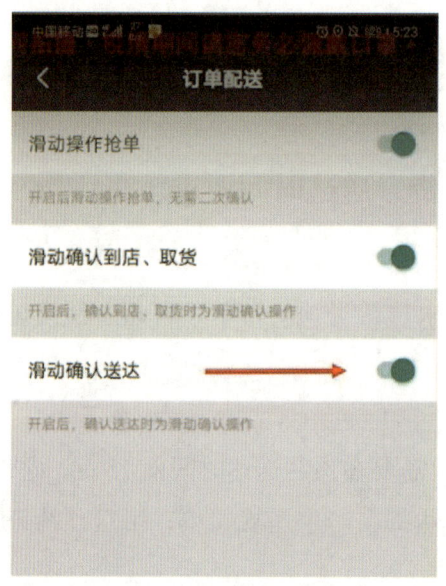

图2-13　接单设置

步骤2　设置完成后接收系统推单或抢单。

步骤3　根据系统里显示的配送时间，在规定时间内收取货品，同时点击上报到店（一定要在店内点击），如图2-14所示。

图2-14　上报到店

步骤 4　收取货品时，若商家速度较慢，应用标准服务话术有礼貌地催单。

步骤 5　取到货品后进行订单核对，确认无误后在系统平台点击我已取货，如图 2-15 所示。

图 2-15　已取货

步骤 6　按照系统平台的导航地址，在规定时间内将货品送达客户指定位置，同时核对客户信息。

步骤 7　配送完成后在系统平台点击我已送达，如图 2-16 所示。

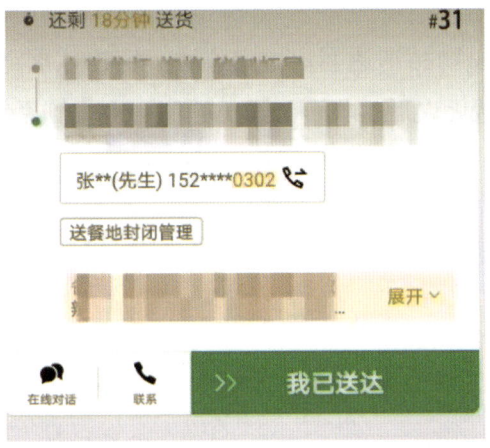

图 2-16　已送达

# 培训单元 2　配送物品验收与签收

1. 了解配送物品验收与签收的相关内容。
2. 掌握配送物品验收与签收的流程与步骤。

## 一、配送物品的验收与签收

### 1. 配送物品验收

配送物品验收是指在规定时间内，配送员将客户订单中的物品送达客户手中，客户依据订单信息与备注信息进行核对的过程。

### 2. 配送物品签收

配送物品签收是指客户验收物品确认无误后进行签收的过程。

## 二、配送物品验收与签收的流程

配送员配送物品→物品送达客户指定位置→客户依据订单信息与备注信息进行核对→核对物品确认无误后签收→配送员拍照→上报到系统平台。

### 配送物品验收与签收

#### 一、操作准备

1. 实训场所要求

实训场所应具备教师演示和学员练习两个功能，选择人员流动性小、遮风挡雨、安静的场所。

2. 实训设备要求

准备多部手机、充电宝以及相应的app，手机和充电宝应电量充足。

二、操作步骤

步骤1　配送员接单后到店内取货。

步骤2　配送物品至客户指定的位置。

步骤3　客户依据订单信息与备注信息进行核对。

步骤4　核对无误后确认签收。

步骤5　配送员拍照，上报到系统平台。

# 培训单元3　配送清单与发票校验

1. 了解配送清单与发票校验的相关内容。
2. 掌握配送清单与发票校验的流程。

## 一、配送清单与发票校验的相关内容

配送清单与发票是物品验收和维修的凭证。配送员取货时应先校验配送清单与发票的内容。

1. 配送清单主要核验订单编号、物品名称、物品数量、价格等内容。

2. 发票主要核验客户名称、开户银行账号、商品名称或经营项目、计量单位、数量、单价、大小写金额、开票人、开票日期、开票单位（个人）名称（章）等。若是增值税专用发票还应有税种、税率、税额等内容。

## 二、配送清单与发票校验的流程

配送员取货→校验配送清单（货物订单）与发票→确认无误→将货物连同配送清单和发票交与客户。

# 培训单元4　在途物品包装保护

1. 了解物品包装的相关知识。
2. 掌握在途物品包装保护的流程与步骤。

## 一、包装的概念

包装是指为在流通过程中保护产品、方便储运、促进销售，按一定的技术方法采用的容器、材料和辅助物等的总称。

## 二、包装的功能

1. 增加商品价值的一种手段。
2. 保护商品，免受日晒、雨淋、灰尘污染等自然因素的侵袭，防止渗漏、污染、碰撞、挤压、散失以及盗窃等损失。
3. 为流通环节的储、运、调、销提供便利，如装卸、盘点、码垛、发货、收货、转运、销售计数等。
4. 美化商品，吸引客户，有利于促销。

## 三、包装的技巧

### 1. 书籍
最好选用小箱包装，不宜装得过多，以便搬运时太费力气。

### 2. 工艺品（如花瓶、古玩类）
应先将物品内部加以填充后再放入包装盒内，周围用泡沫或纸固定，以减轻配送过程中的晃动。

### 3. 相框、镜子
用布或毛巾包好后加以捆扎。

### 4. 碗、碟、勺、杯
用纸隔开后再装箱，周围用泡沫或纸加以固定，减少它们之间的碰撞，避免损坏。

### 5. 刀具
用厚纸做成保护套，将刀刃包住，并用胶带固定。

### 6. 衣服、被褥
用编织袋装好后加以捆扎。

## 四、在途物品包装保护的装备

配送员在配送物品过程中使用的包装保护装备主要是配送餐箱。配送餐箱的特点是：安全环保、保冷保热、携带方便，可防止物品破损和洒漏，还可冷热分开、生熟分开。配送餐箱的结构如图 2-17 所示。

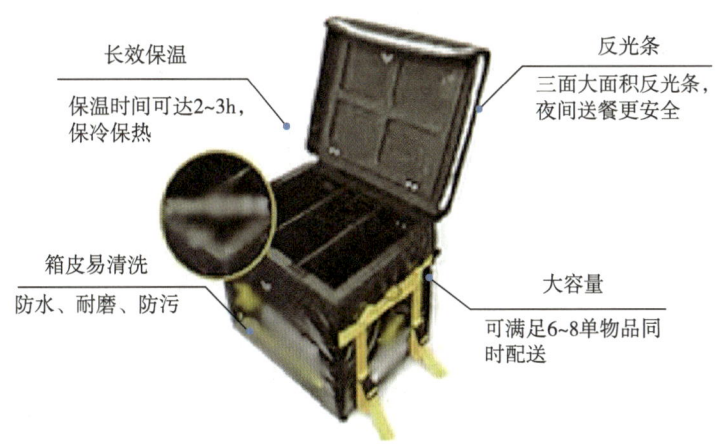

图 2-17　配送餐箱的结构

# 在途物品包装保护

## 一、操作准备

1. 实训场所要求

实训场所应具备教师演示和学员练习两个功能,选择人员流动性小、遮风挡雨、安静的场所。

2. 实训设备要求

准备多部手机、充电宝以及相应的 app,手机和充电宝应电量充足;配送餐箱,若干泡沫垫、小锁、捆扎绳、饮品小挂钩等。

## 二、操作步骤

步骤 1　用捆扎绳或铁丝、捆扎带将箱托固定在电动车上。

步骤 2　将配送餐箱固定在电动车上,同时晃动一下,检查配送餐箱是否牢固。

步骤 3　用挡板将配送餐箱分成两部分,起冷热分离、生熟分离的作用。

步骤 4　将泡沫垫置于餐品下,可起到载重减重的作用。

步骤 5　贴紧餐品竖放泡沫垫,可起到加固的作用。

步骤 6　将准备好的饮品小挂钩粘到配送餐箱侧面,可以挂咖啡、奶茶类的饮品,防止洒漏。

步骤 7　给配送餐箱加配小锁,在人流较密集的区域锁上配送餐箱,防止餐品丢失。

培训模块二　订单配送

# 培训项目 3 配送后处理

## 培训单元1　物品确认与上报

1. 了解物品确认与上报的相关知识。
2. 掌握物品确认与上报的流程与步骤。

### 一、物品确认

物品确认是指物品送达客户手中后，客户依据订单核对确认无误的过程。

### 二、确认上报

确认上报是指客户收到物品，经确认、核对无误后，配送员将结果上报于系统平台。一般有两种上报方式：

1. 物品送达客户手中后，在系统平台直接点击我已送达，进行系统上报。
2. 配送员将货品图片、货品签收信息图片等上传到系统平台，同时点击我已送达，进行系统上报。

59

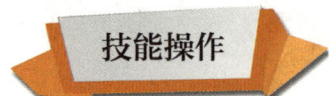

## 物品确认与上报

### 一、操作准备

1. 实训场所要求

实训场所应具备教师演示和学员练习两个功能，选择人员流动性小、遮风挡雨、安静的场所。

2. 实训设备要求

准备多部手机、充电宝以及相应的 app，手机和充电宝应电量充足。

### 二、操作步骤

步骤 1　客户依据配送清单核对物品。

步骤 2　核对确认物品无误后签收。

步骤 3　配送员拍摄货品图片或货品签收信息图片。

步骤 4　上报到系统平台。

# 培训单元 2　超时赔付与上报

1. 了解超时赔付与上报的相关知识。
2. 掌握超时赔付与上报的流程与步骤。

## 一、送达超时

送达超时是指配送员未在要求的送达时间内将货品送至客户处。若配送时间超过要求的送达时间，所属配送服务商将根据超时的时长，扣减一定比例的邮资，扣减比例根据配送员配送超时的时长确定。

## 二、送达超时扣款规则

送达超时扣款规则见表 2-1。

表 2-1 送达超时扣款规则

| 超时时长（min） | 外卖订单扣款（邮资比例，%） | 帮买帮送订单扣款（邮资比例，%） |
|---|---|---|
| 0～6 | 40 | 30 |
| 6～12 | 50 | 35 |
| 12～18 | 60 | 40 |
| >18 | 70 | 45 |

## 超时赔付与上报

### 一、操作准备

1. 实训场所要求

实训场所应具备教师演示和学员练习两个功能，选择人员流动性小、遮风挡雨、安静的场所。

2. 实训设备要求

准备多部手机、充电宝以及相应的 app，手机和充电宝应电量充足。

## 二、操作步骤

步骤1　配送员将货品送至客户处,点击我已送达。

步骤2　系统平台进行核算,若超过送达要求时间,将按照比例进行扣款。

步骤3　上报到系统平台。

# 培训模块 三
# 异常管理

培训项目 1　客诉处理
培训项目 2　异常处理
培训项目 3　应急处理

# 培训项目 1 客诉处理

## 培训单元1　投诉与索赔记录

1. 了解投诉与索赔的相关知识。
2. 掌握投诉与索赔记录的流程与步骤。

### 一、投诉

投诉是指公民或单位认为其合法权益遭受侵犯，向有关部门请求依法处理。投诉人，即为权益被侵犯者本人。

消费者投诉是指消费者为生活需要购买、使用商品或接受服务，与经营者发生消费者权益争议后，请求消费者权益保护组织调解，要求保护自身合法权益的行为。

### 二、投诉的形式

消费者投诉可以采用电话、信函、面谈、互联网等形式，但无论采取哪种形式，都应包括以下内容：

1. 投诉人基本情况，即投诉人的姓名、性别、联系地址、联系电话、邮政编码等。

2. 被投诉方的基本情况，即被投诉方的名称、地址、电话等。

3. 购买商品的时间、品牌、产地、规格、数量、价格等。

4. 受损害的具体情况、发现问题的时间以及与经营者交涉的经过等。

5. 购物凭证、保修卡、约定书复印件等。

## 三、索赔

索赔就是受到损失的一方当事人向违约的一方当事人提出损害赔偿的要求。相对而言，违约的一方受理另一方的索赔要求，即称为理赔。索赔和理赔是一个问题的两个方面，对受害方是索赔，对违约方则是理赔。

## 技能1 投诉

### 一、操作准备

1. 实训场所要求

实训场所应具备教师演示和学员练习两个功能，选择人员流动性小、遮风挡雨、安静的场所。

2. 实训设备要求

准备多部手机、充电宝以及相应的app，手机和充电宝应电量充足。

### 二、操作步骤

步骤1　点击系统平台首页左上角的菜单栏，如图3-1所示。

步骤2　点击我的评价，如图3-2所示。

步骤3　打开我的评价，可以看到客户和商家的评价。客户和商家的投诉、建议及意见都记录在此，如图3-3、图3-4所示。

步骤4　配送公司依据客户评价、商家评价，排除客户、商家等非配送员责任后，将按照客户不满意管控规则对配送员进行判责。判责后，配送员可在系统平台查询相关罚单，如图3-5、图3-6所示。

培训模块三　异常管理

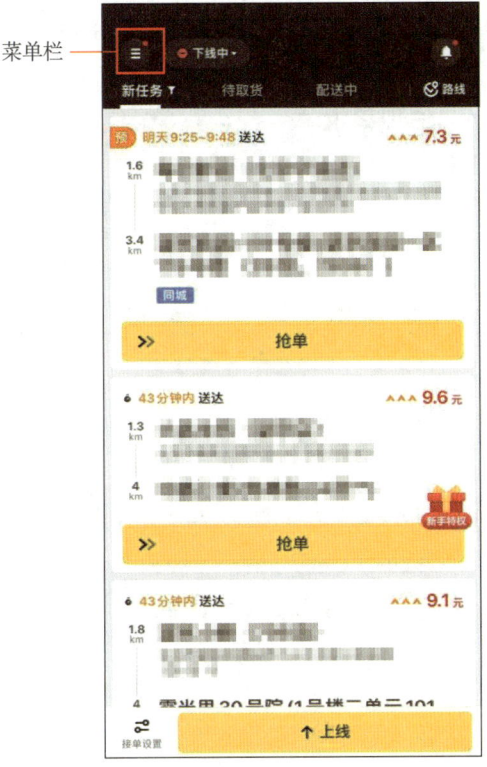

图 3-1　点击菜单栏

图 3-2　点击我的评价

图 3-3　客户评价

图 3-4　商家评价

67

网约配送员（初级）

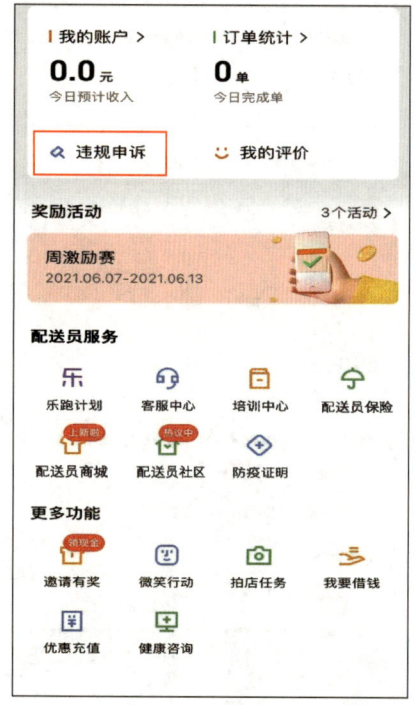

图 3-5　违规申诉

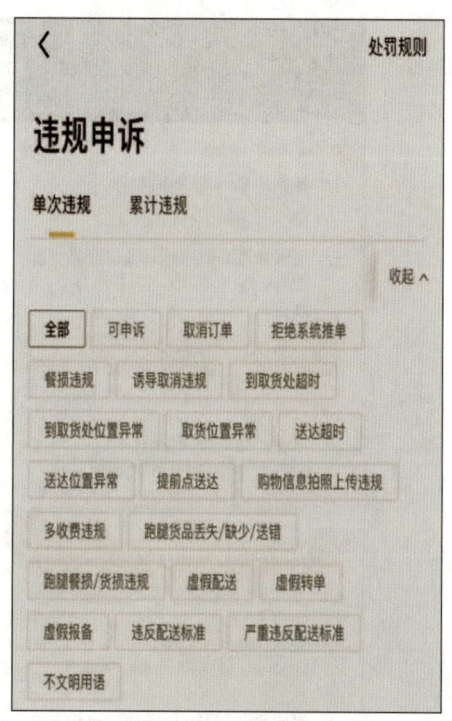

图 3-6　违规罚单

## 技能 2　索赔

### 一、操作准备

1. 实训场所要求

实训场所应具备教师演示和学员练习两个功能，选择人员流动性小、遮风挡雨、安静的场所。

2. 实训设备要求

准备多部手机、充电宝以及相应的 app，手机和充电宝应电量充足。

### 二、操作步骤

步骤 1　第一时间线上报案，点击系统平台首页左上角的菜单栏，再点击配送员保险进入我要报案，根据页面提示填写相关信息，如图 3-7 所示。

步骤 2　若造成人员受伤，需要到二级及以上公立医院就诊并保留所有单据及发票。

步骤 3　线上提交理赔资料，点击系统平台首页左上角菜单栏→配送员保险→理赔进度，选择对应案件提交电子材料，如图 3-8 所示。

培训模块三　异常管理

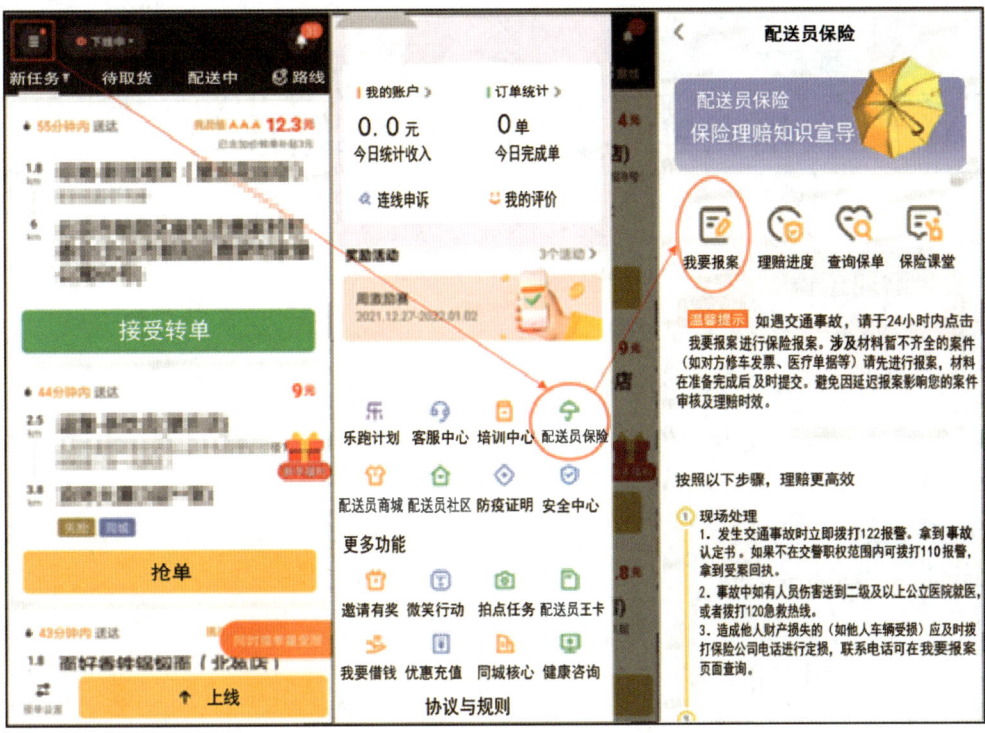

图 3-7　报案

图 3-8　理赔记录

**步骤 4**　等待审核。理赔专员自材料齐全之日起对配送员的商业保险案件进行审核，并于 3~30 个工作日内通知审核结论。

# 培训单元2　投诉与索赔移交

1. 了解投诉与索赔移交的相关知识。
2. 掌握投诉与索赔移交的流程与步骤。

## 一、违规扣罚规则

配送员的配送过程若被客户评价为不满意或遭到投诉，详细的违规扣罚规则见表3-1。

表3-1　违规扣罚规则

| 违规行为 | 累计周期 | 扣罚金额（元） |
| --- | --- | --- |
| 因配送原因提前点到达、送错餐品、餐品破损、送达超时、送达不通知、态度不好、仪表不整等 | 自然周7天出现1次 | 0~3 |
| | 自然周7天出现2次 | 4~8 |
| | 自然周7天出现3次 | 9~13 |
| | 自然周7天出现4次 | 14~18 |
| | 自然周7天出现5次及以上 | 19~20 |

## 二、索赔移交

索赔移交是指配送员在配送过程中发生意外事故或人身及财务损害时，通过系统平台上报系统，上传所需材料，再由配送公司将相关材料交至保险公司进行赔付的过程。

技能操作

## 技能1 投诉移交

### 一、操作准备

1. 实训场所要求

实训场所应具备教师演示和学员练习两个功能，选择人员流动性小、遮风挡雨、安静的场所。

2. 实训设备要求

准备多部手机、充电宝以及相应的app，手机和充电宝应电量充足。

### 二、操作步骤

1. 客户投诉配送员

步骤1　配送员在系统平台上点击我的评价，可以看到客户和商家的评价，包括客户和商家的投诉、建议及意见。

步骤2　系统平台将相应的客户投诉移交至相关部门进行处理，同时对配送员做出相应的处罚。

2. 配送员投诉商家

步骤1　配送员可点击系统平台首页左上角菜单栏，再点击设置中的反馈进行情况反馈，如图3-9所示。

步骤2　系统平台将相应的配送员投诉移交至相关部门进行处理，同时根据商家管理细则对商家进行处罚，并对配送员做出处理反馈。

图3-9　投诉反馈

## 技能 2  索赔移交

### 一、操作准备

1. 实训场所要求

实训场所应具备教师演示和学员练习两个功能，选择人员流动性小、遮风挡雨、安静的场所。

2. 实训设备要求

准备多部手机、充电宝以及相应的 app，手机和充电宝应电量充足。

### 二、操作步骤

步骤 1　现场处理。

（1）发生交通事故立即拨打 122 报交警，拿到道路交通事故认定书；如果不在交警职权范围内，拨打 110 报警，拿到受案回执。

（2）事故中如有人员受伤要及时将伤员送到二级及以上公立医院就医，或者拨打 120 急救热线。

（3）造成他人财产损失的（如使他人车辆受损），应及时拨打保险公司电话进行定损，联系电话可在系统平台我要报案页面查询。

步骤 2　理赔申请。事故处理完毕后，及时点击我要报案，正确填写事故时间、地点以及事故经过等基本信息。在治疗结束或维修结束之后及时上传所需材料，若材料不齐全，理赔专员会于收到材料后 3~5 个工作日联系配送员补齐材料。

步骤 3　保险公司将对材料再次进行审核，预计 3 个工作日内完成审核。

步骤 4　材料审核通过后，预计 1 个工作日将赔付款支付到配送员的银行账户中。

# 培训项目 2 异常处理

## 培训单元 1　异常订单发现

1. 了解异常订单的相关知识。
2. 掌握异常订单发现的流程与步骤。

### 一、异常订单

异常订单是指在交易过程中因出现意想不到的状况而无法正常完成交易的订单，包括联系不上客户、客户位置发生变化、超出再次配送的允许范围、商家出餐慢等异常情况。

### 二、异常订单的发现

**1. 商家出餐慢**

配送员到达商家处，15 min 内商家未出餐。

**2. 联系不上客户**

客户电话无法接通或者联系方式错误。

### 3. 定位错误

（1）商家定位错误，配送员在取餐过程中发现商家位置与地图显示的定位不一致。

（2）客户定位错误，配送员在送餐过程中发现客户位置与地图显示的定位不一致。

# 异常订单发现

## 一、操作准备

1. 实训场所要求

实训场所应具备教师演示和学员练习两个功能，选择人员流动性小、遮风挡雨、安静的场所。

2. 实训设备要求

准备多部手机、充电宝以及相应的 app，手机和充电宝应电量充足。

## 二、操作步骤

步骤 1　配送员接单。

步骤 2　配送员按照导航到商家取餐。

步骤 3　发现异常订单。

（1）商家出餐慢。配送员到达商家处并点击上报到店后，15 min 内商家没有出餐，则属于异常订单。

（2）配送员取餐，到达客户预留地址后，无法联系上客户，则属于异常订单。

（3）客户在下单后更改收货地址，配送员无法送到，则属于异常订单。

（4）配送员在取餐过程中发现商家位置与地图显示的定位不一致，则属于异常订单。

（5）配送员在送餐过程中发现客户位置与地图显示的定位不一致，则属于异常订单。

## 培训单元 2　异常订单上报

1. 了解异常订单上报的相关知识。
2. 掌握异常订单上报的流程与步骤。

异常订单上报是指配送员将异常订单上报到系统平台的过程。

### 异常订单上报

#### 一、操作准备

1. 实训场所要求

实训场所应具备教师演示和学员练习两个功能，选择人员流动性小、遮风挡雨、安静的场所。

2. 实训设备要求

准备多部手机、充电宝以及相应的 app，手机和充电宝应电量充足。

#### 二、操作步骤

1. 商家出餐慢上报

步骤 1　上报异常。订单详情的遇到问题中上报商家出餐慢异常（见图 3-10）。出现商家出餐慢异常时有两种选择：继续配送或取消订单。

（1）选择继续配送。上报异常并继续配送，如图 3-11 所示，若没有出现超时，则正常完成配送。如果因商家出餐慢而超时，可配送完成后在罚单中心进行线上申报。

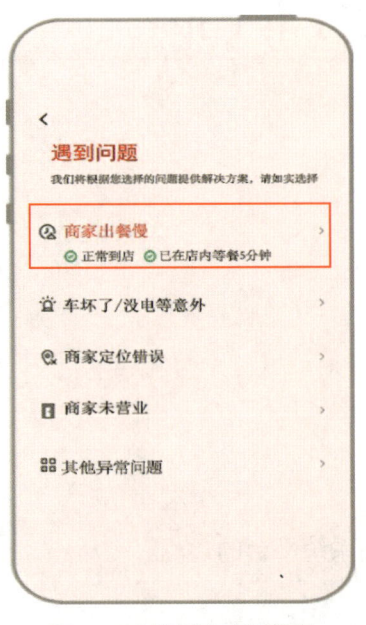

图 3-10 选择商家出餐慢

图 3-11 继续配送

（2）选择取消订单。上报异常后可以无责取消，不会产生扣款，如图 3-12 所示。事后可以联系客服申诉多跑距离补款。

图 3-12 取消订单

步骤2　反馈站长。事后将商家出餐慢的情况反馈给站长，由站长与商家沟通出餐慢问题。

2.联系不上客户上报

步骤1　上报异常。

（1）订单详情页点击遇到问题，如图3-13所示。

（2）选择联系不上客户，如图3-14所示。

图3-13　遇到问题

图3-14　选择联系不上客户

（3）需要到达客户地址后才能进行异常上报，如图3-15所示。

（4）如客户有备用号码需要先拨打备用号码，如无备用号码则直接点击上报异常，如图3-16所示。

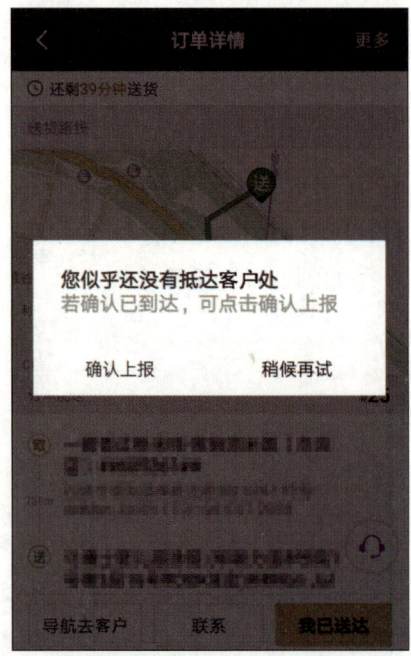

图 3-15 未到达客户地址

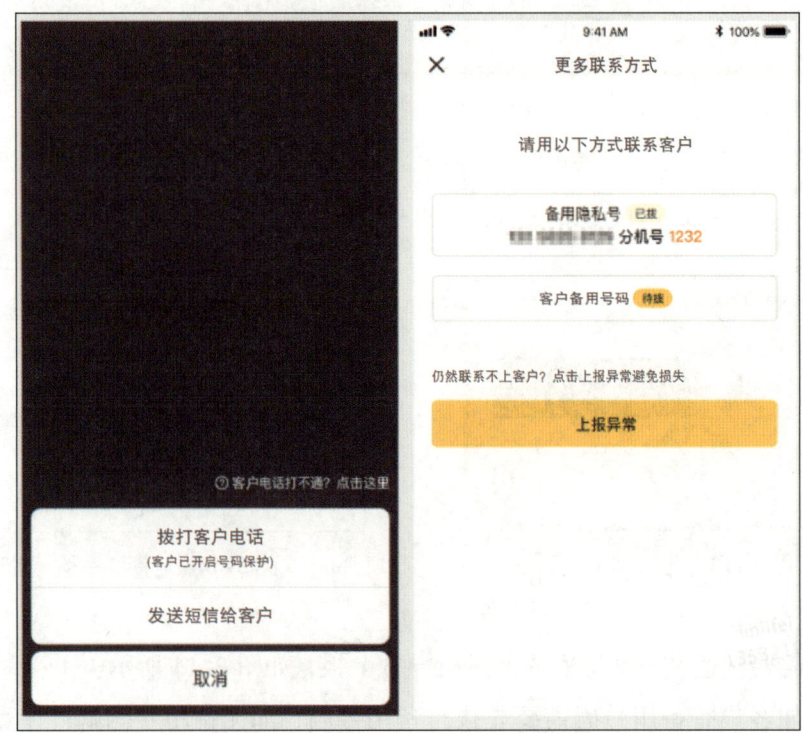

图 3-16 上报异常

（5）选择联系不上客户的原因，可发送短信给客户，如图 3-17、图 3-18 所示。

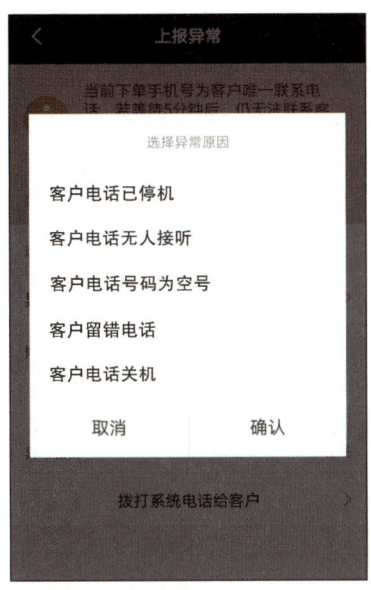

图 3-17　选择联系不上客户的原因

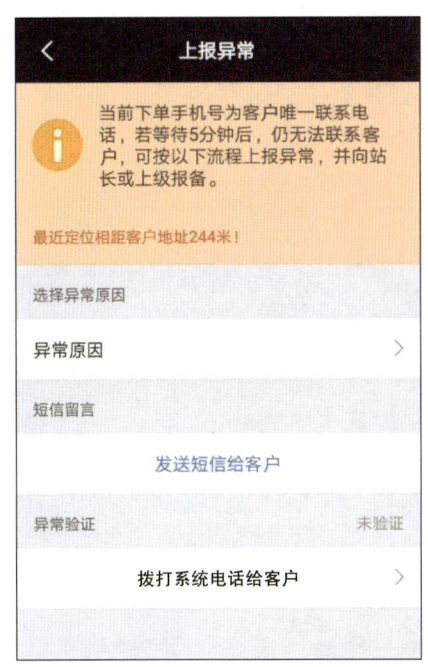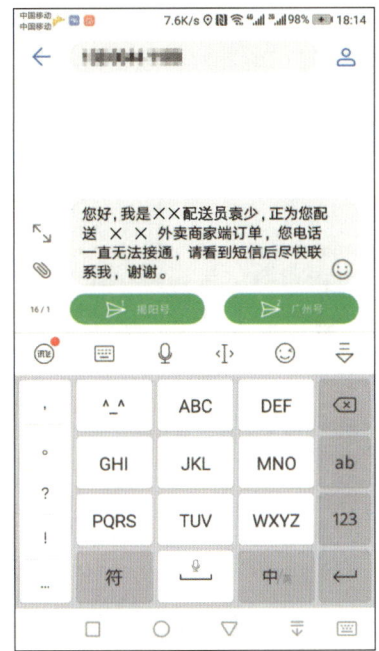

图 3-18　发送短信给客户

（6）短信发送成功后，点击确认上报，如图 3-19 所示。

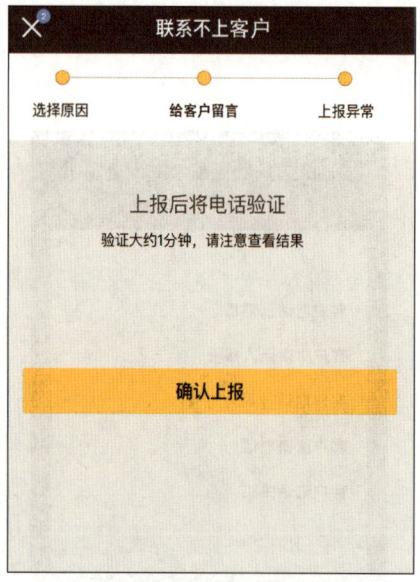

图 3-19　确认上报

（7）点击确认上报后系统会拨打客户电话进行验证，如图 3-20 所示。

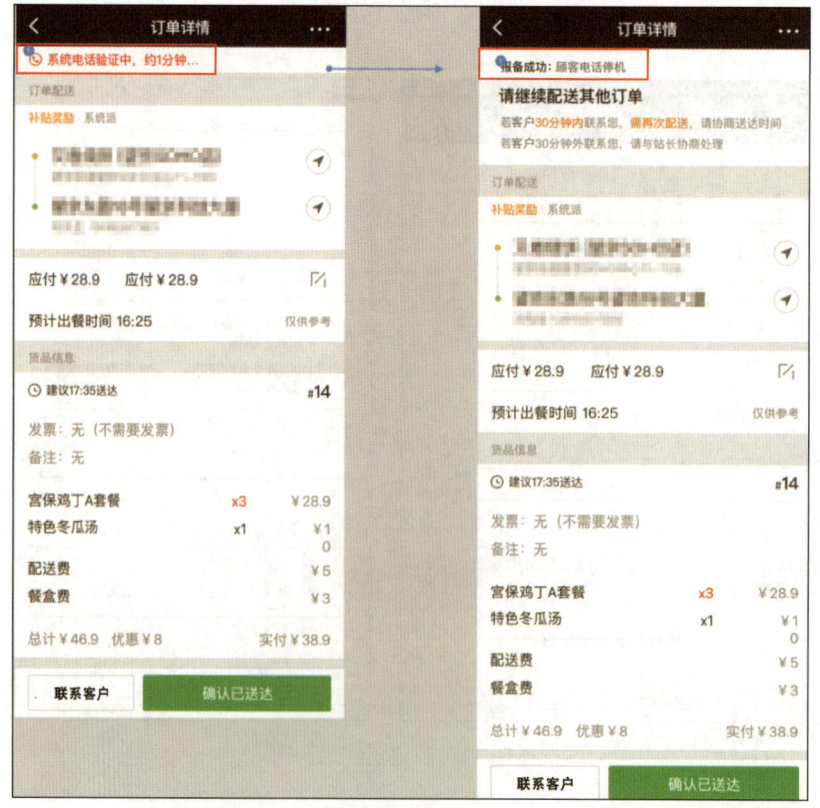

图 3-20　验证

步骤2　异常上报成功后继续配送其他订单。

步骤3　如果客户半小时内要求再次配送，以上报异常的时间作为送达时间。

步骤4　如果客户未在半小时内要求再次配送，需要将餐品返还商家。

步骤5　订单结束后电话联系客服申诉多跑距离补款。

3. 商家定位错误上报

步骤1　订单详情页点击遇到问题，选择商家定位错误，如图 3-21 所示。

步骤2　标记商家实际位置，如图 3-22 所示。

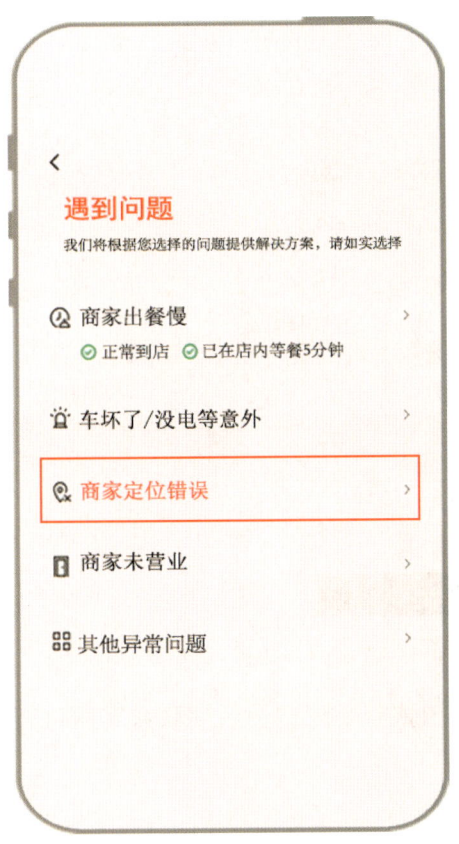

图 3-21　选择商家定位错误

图 3-22　标记商家实际位置

步骤3　选择继续配送或取消订单。

（1）当选择继续配送时，因商家定位错误引起的扣款，如到店位置异常、取餐超时、取餐位置异常、送达超时等，系统将自动发起订单申诉，如图 3-23 所示。

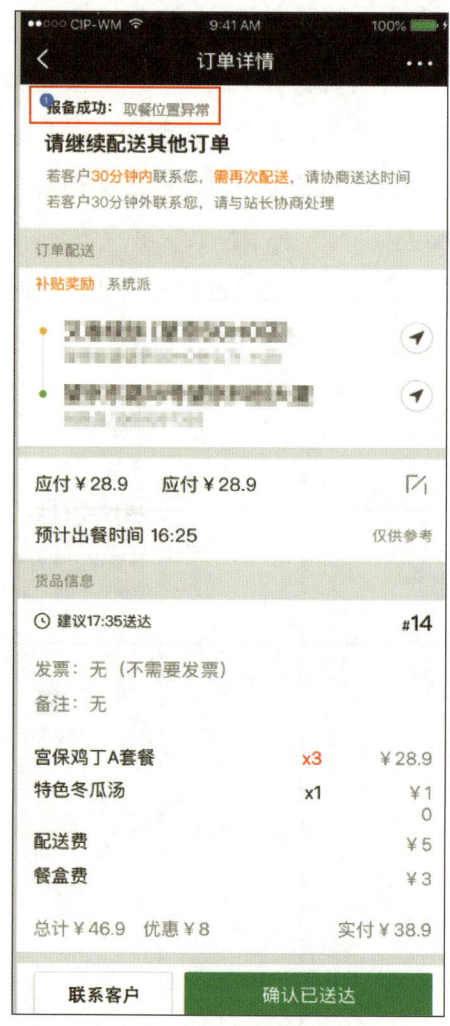

图3-23　上报申诉

（2）当选择取消订单时，因此产生的订单扣款需要配送员后期联系客服进行申诉。

4.客户定位错误

步骤1　出现客户定位错误异常，需联系客户核实实际地址，并确认是否可以继续配送。

步骤2　选择继续配送或取消订单。

（1）选择继续配送。告知客户实际情况，请客户耐心等待；因此产生的订单扣款，在我的罚单进行申诉，选择客户实际位置与地图定位不符，如图3-24所示。

图 3-24　客户定位错误申诉

（2）选择取消订单。将餐品返回商家，因此产生的订单扣罚，事后可以联系客服进行申诉。

# 培训项目 3 应急处理

## 培训单元 1　紧急情况判定

1. 了解紧急情况判定的相关知识。
2. 掌握紧急情况判定的流程与步骤。

### 一、紧急情况

所谓紧急情况是指突然发生的危及人的生命、财产安全及社会治安秩序的事件。

### 二、紧急情况的分类

紧急情况的分类见表3-2。

表3-2　紧急情况的分类

| 序号 | 紧急情况分类 | 紧急情况辨识 |
| --- | --- | --- |
| 1 | 安全事故 | 配送过程中，邻近建筑物施工发生作业安全事故 |
| 2 | 火灾、爆炸 | （1）配送过程中，邻近建筑物材料起火爆炸<br>（2）配送车辆发生自燃、爆炸 |

续表

| 序号 | 紧急情况分类 | 紧急情况辨识 |
|---|---|---|
| 3 | 突发公共卫生事件 | （1）食物中毒<br>（2）新型冠状病毒肺炎、甲型H1N1流感、重症急性呼吸综合征（SARS）、疟疾、禽流感、霍乱、登革热、鼠疫等流行性强的传染病 |
| 4 | 恶劣天气及自然灾害 | 根据中国气象局发出的气象灾害警报与预警信号认定 |
| 5 | 交通阻塞 | （1）因市政断路引发的交通阻塞<br>（2）因各类媒体单位、社会团体参观导致的交通阻塞<br>（3）因交通事故引发的交通阻塞 |
| 6 | 国家法定节假日 | 春节、五一、国庆等节日的应急准备 |
| 7 | 反恐反暴 | 制造社会恐慌，采取暴力、破坏、恐吓或者其他手段等造成的严重社会危害行为 |
| 8 | 异常订单 | 配送过程中出现各种异常订单导致无法完成配送 |

# 培训单元2　紧急情况处理及上报

1. 了解紧急情况处理及上报的相关知识。
2. 掌握紧急情况处理及上报的流程与步骤。

## 一、紧急情况上报

紧急情况上报是指将突然发生的危及人的生命、财产安全及社会治安秩序而需要紧急处理的事件汇报上级的过程。

## 二、紧急情况处理及上报方法

配送员在配送过程中可能会遇到各种紧急情况，应最大程度地减少损失，保障人身安全。

1. 若配送过程中自己受伤，应及时前往正规医院就医，并第一时间向站长报备，与保险公司取得联系。

2. 若与其他车辆发生碰撞，导致对方车辆损坏，应报警处理事故，并保证伤者及时就医治疗，同时联系站长进行报备，按照指导处理事故。

3. 当遭遇暴力事件及其他突发事件时，应报警处理，同时联系站长进行报备。

## 紧急情况处理及上报

### 一、操作准备

1. 实训场所要求

实训场所应具备教师演示和学员练习两个功能，选择人员流动性小、遮风挡雨、安静的场所。

2. 实训设备要求

准备多部手机、充电宝以及相应的 app，手机和充电宝应电量充足。

### 二、操作步骤

步骤 1　若配送途中因配送工具损坏、没电或丢失导致无法继续配送，应及时联系客户或商家说明情况，并点击订单页下方的遇到问题，选择对应原因上报异常。若已取餐，需及时把餐品返回商家。

步骤 2　若发生交通事故要及时报警，并及时联系商家、客户说明情况后取消配送，保留好事故证据，联系客服协助处理；若有身体不适应尽快就医，同时保留好就医证明及相关证据，以备日后理赔使用。

步骤 3　配送途中遇到需要穿过江河、火车道、高架桥、立交桥、轮渡、公园等情况，应尽快完成配送。若出现超时违规或多跑距离，应点击在线提交进行申诉上报。

步骤 4　若与商家或客户发生争执，应保持冷静并确保自身安全，及时上报站长，情况严重须及时报警。

# 培训模块 四　客户服务与开发

培训项目 1　客户服务
培训项目 2　客户维护

## 培训项目 1　客户服务

## 培训单元1　文明礼貌用语

1. 了解文明礼貌用语的相关知识。
2. 掌握文明礼貌用语的使用。

### 一、送餐上门的标准礼貌用语

给客户送餐上门时，要严格使用礼貌用语，例如"您好，我是××外卖××配送员，您的外卖到了，请查收，祝您用餐愉快。"

### 二、商家沟通标准礼貌用语

**1. 问候**

"您好，××配送员！"

**2. 询问催促**

"请帮我催一下××号餐，客户的送餐时间快到了。"

**3. 感谢**

"谢谢！"

## 三、客户沟通标准礼貌用语

### 1. 给客户打电话

"您好，我是××外卖××配送员，实在不好意思，我现在在×××餐厅，餐厅外卖订单集中，出餐时间要延误××分钟，您看能否多等待几分钟？"

### 2. 客户取消

"好的，不好意思耽误您用餐了，欢迎您继续使用××外卖。"同时沟通商家取消订餐。

### 3. 客户等候

"不好意思耽误您的时间了，我取到餐马上给您送过去，请您保持电话畅通，谢谢！"

# 文明礼貌用语

## 一、操作准备

### 1. 实训场所要求

实训场所应具备教师演示和学员练习两个功能，选择人员流动性小、遮风挡雨、安静的场所。

### 2. 实训设备要求

准备多部手机、充电宝以及相应的app，手机和充电宝应电量充足。

## 二、操作步骤

步骤1 取餐

配送员与商家、客户沟通时使用礼貌用语，语气温和，禁止出现语言过激等行为；不可在商家处大声喧哗、嬉闹。遇到商家出餐慢时，要礼貌催单。

步骤2 送餐

配送员不可进入客户屋内，见到客户时身体要前倾15°，双手递餐给客户说："您好，××外卖！请问是××先生/女士吗？这是您订的××餐，请您核对。"客户确认后，配送员要面带微笑、礼貌道别，并身体向客户前倾15°说："欢迎您给此次服务做出评价。"

## 培训单元 2　在线客户服务

1. 了解在线客户服务的含义及作用。
2. 掌握在线客户服务的流程与步骤。

### 一、在线客户服务的含义

在线客户服务是一种以网站为媒介,向互联网访客与网站内部员工提供即时沟通页面的通信技术。在线客户服务是网络营销的基础。

随着互联网应用的不断发展,技术推陈出新,在线客户服务系统也迎来了技术上的更新。网络带宽不断提升,多线路云服务器的广泛使用,以及利用最新推送技术为基础的数据交互,使曾经困扰用户的会话延迟问题得到解决,大大提升了网站浏览者在咨询问题时的用户体验。

### 二、在线客户服务的作用

**1. 增加营销渠道**

改变传统电话、邮件、QQ 等客户营销方式,为企业打造主动式的营销方式。

**2. 降低运营成本**

可无限增加即时的在线服务人数,降低了传统客户服务中通过电话交流所产生的成本。

**3. 巩固客户关系**

可与互联网访客进行人性化的在线交流,通过判断客户的地址可以发现回头客逐渐增多。

### 4. 无缝沟通

客户能够与客服人员进行即时交流，大大降低沟通门槛，提高成交概率。企业可以根据客户来访时间和地理位置等统计信息调整销售人力安排及销售区域策略等，为进行市场决策提供有力依据。

### 5. 知识储备

客服人员可以通过知识库进行学习，面对客户的提问，可以通过知识库调阅相关资料，快速解答访客问题。

### 6. 精准营销

客服人员可以通过系统清楚地知道客户正在访问什么，感兴趣的是什么，从而做好充足的准备。

### 7. 折叠快捷回复

将常用的对话内容和网站地址进行分类整理，可对不同的客户快速应答，体现专业性，并且提高效率。

### 8. 实时监管

管理人员能够实时监控客服人员的工作，及时查看客户对客服的满意度评价。

## 在线客户服务

### 一、操作准备

1. 实训场所要求

实训场所应具备教师演示和学员练习两个功能，选择人员流动性小、遮风挡雨、安静的场所。

2. 实训设备要求

准备多部手机、充电宝以及相应的 app，手机和充电宝应电量充足。

### 二、操作步骤

步骤 1　点击系统平台左上角的菜单栏，如图 4-1 所示。

步骤 2　点击客服中心，如图 4-2 所示。

步骤3　打开客服中心，如异常订单、接单相关、健康证相关等一系列的常见问题都可以在此得到帮助，如图4-3所示。

图4-1　点击菜单栏

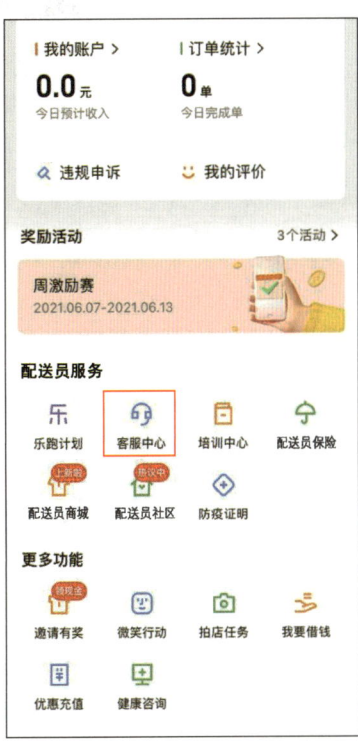

图4-2　点击客服中心

图4-3　常见问题

步骤4　可以通过服务进度中心查询服务进度，如图4-4所示。

图4-4　服务进度查询

## 培训项目 2　客户维护

## 培训单元1　客户配送需求

掌握客户配送需求的相关知识。

### 一、客户需求

广泛深入地了解客户的实际需求，可以帮助企业做出正确的决策。不管经济是低迷还是高涨，企业的生存发展都应该始终以客户需求为导向。只有以客户需求为导向，不断完善业务的发展方向，才能赢取更多客户的青睐，提高客户满意度。

### 二、客户配送需求

客户配送需求是指对配送员配送过程中的特殊要求，如优先派单、健康咨询、培训要求、防疫证明等。客户的一些要求可以在订单备注里查到。

# 培训单元2　客户问题反馈

1. 了解客户问题反馈的相关知识。
2. 掌握客户问题反馈的流程与步骤。

客户问题反馈是指客户提出的问题会通过系统平台反馈给配送员，配送员可通过系统平台查看并做出相应的回应，如申诉、上报、举证等。

## 客户问题反馈

### 一、操作准备

1. 实训场所要求

实训场所应具备教师演示和学员练习两个功能，选择人员流动性小、遮风挡雨、安静的场所。

2. 实训设备要求

准备多部手机、充电宝以及相应的 app，手机和充电宝应电量充足。

### 二、操作步骤

步骤1　点击系统平台左上角的菜单栏。

步骤2　点击左上角的姓名，如图 4-5 所示。

步骤3　点击右上角的设置，如图 4-6 所示。

培训模块四　客户服务与开发

图 4-5　点击姓名

图 4-6　点击设置

步骤 4　点击反馈，如图 4-7 所示。

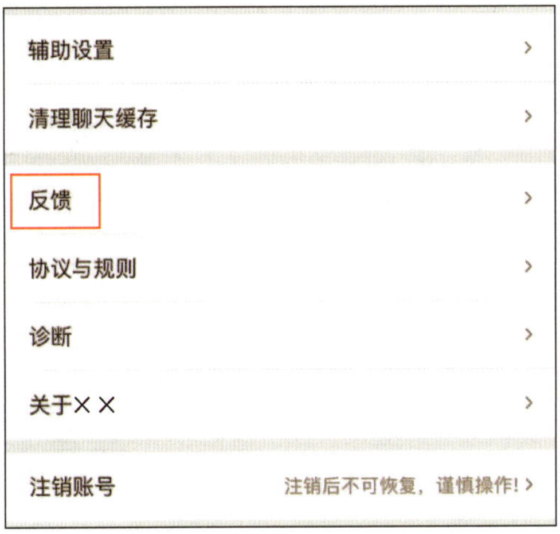

图 4-7　点击反馈

步骤 5　查看反馈信息，如图 4-8 所示。

图 4-8 反馈信息显示

# 培训模块 五
# 安全与质量管理

培训项目1　公共安全防护
培训项目2　安全管理防护

# 培训项目 1

## 公共安全防护

### 培训单元 1　公共卫生安全与防护

1. 了解公共卫生安全与防护的相关知识。
2. 掌握无接触配送的操作流程。

#### 一、公共卫生

公共卫生是关系到国家或地区人民大众健康的公共事业。公共卫生具体包括：对重大疾病尤其是传染病［如结核病、艾滋病、重症急性呼吸综合征（SARS）、新型冠状病毒肺炎等］的预防、监控和治疗；对食品、药品、公共环境卫生的监督管制，以及相关的卫生宣传、健康教育、免疫接种等。

#### 二、公共卫生安全与防护

公共卫生安全工作是构建和谐企业的重要组成部分。网约配送企业各级领导及有关职能部门要高度重视和加强公共卫生安全管理工作，完善各项规章制度，认真落实国家公共卫生安全的各项管理规定。公共卫生安全工作应坚持"预防为主、以人为本、服务员工健康"的原则，动员全体配送员积极参与，为公司健康、稳定、可持续发展提供有力保障。

为确保公共卫生安全，网约配送企业需要做到以下几方面：

1. 监测配送员健康状况，防控传染病，预防和监测常见职业病。

2. 对配送员进行健康教育，培养良好的卫生习惯与生活方式。

3. 改善配送员工作环境的卫生条件。

4. 监督饮食卫生状况，保障配送食品的卫生安全。

5. 对配送工作涉及的公共场所卫生状况和影响配送员健康的有害因素等进行监督。

### 三、无接触配送

无接触配送是指客户在下单时，可通过订单备注、打电话、app内消息系统等方式，与配送员协商商品放置的指定位置，如公司前台、家门口等，物品送达后，配送员将通过电话、app内消息系统等渠道通知客户自行取餐。

## 无接触配送

### 一、操作准备

1. 实训场所要求

实训场所应具备教师演示和学员练习两个功能，选择人员流动性小、遮风挡雨、安静的场所。

2. 实训设备要求

准备无接触配送柜、手机、充电宝以及相应的app，手机和充电宝应电量充足。

### 二、操作步骤

步骤1　客户下单可备注选择使用无接触配送（见图5-1），或下单后通过电话或app内消息系统联系配送员要求使用无接触配送（见图5-2）。

步骤2　配送员接单，确认客户是否使用无接触配送。

图 5-1　备注无接触配送 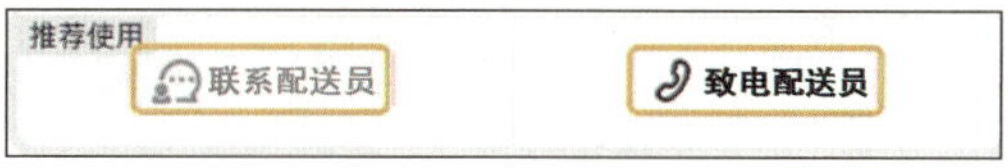　　　　　图 5-2　联系配送员

步骤 3　配送员根据客户要求，将餐品放置到无接触配送柜或用户指定位置并拍照告知客户，如图 5-3 所示。

图 5-3　配送员放置餐品

步骤 4　客户到指定位置取餐，如图 5-4 所示。

图 5-4　客户无接触取餐

## 三、注意事项

在配送过程中，配送员应提前给客户打电话确认是否选择无接触配送服务，得到确认后再进一步确定餐品的放置位置。

# 培训单元2　配送货款安全与防护

网约配送平台支持在线支付与货到付款两种付款方式，如果客户选择货到付款方式，配送员需保证订单货款安全。

1. 了解配送货款安全与防护的相关知识。
2. 掌握货到付款的操作流程。

配送货款的安全要求如下：

1.配送员在收到配送货款后，根据配送平台的订单金额与所收货款进行核对，收款金额与订单金额必须相符。

2.核对无误后，应及时上缴至财务管理部门审核。严禁拖延上缴货款或将货款带回家中，如果发生丢失、被盗或损失，须自行负责并全额赔偿。

3.严禁赊销，配送员必须严格遵守配送货款相关管理办法，货款上缴配送公司收入账户，不得挪作他用。

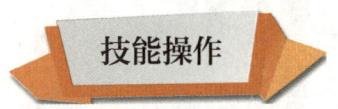

## 货到付款

### 一、操作准备

1.实训场所要求

实训场所应具备教师演示和学员练习两个功能，选择人员流动性小、遮风挡雨、安静的场所。

2. 实训设备要求

准备手机、充电宝以及相应的 app，手机和充电宝应电量充足；不同金额的现金。

## 二、操作步骤

步骤 1　客户在配送平台下单时，选择货到付款的支付方式。

步骤 2　配送员配送商品给客户，客户支付现金或转账给配送员。

步骤 3　配送员将货款安全上缴至平台财务管理部门，由平台财务管理部门审核后转账给商家。

## 三、注意事项

1. 目前很多配送平台无法直接选择货到付款的方式，客户可通过配送平台提供的商家电话直接与商家联系，经过商家同意，由商家直接联系配送员提供货到付款的配送服务。经配送员同意，可以先由配送员垫付货款给商家，配送完成后客户将货款直接支付给配送员。

2. 在配送平台提供的跑腿代购业务中，配送员需要在代购商品时垫付商品货款，并认真核对商品质量、数量以及订单货款。配送员将商品送达客户后，客户可以将商品货款及配送费支付给配送员，或支付给配送平台，再由配送平台支付给配送员。

# 培训项目 2　安全管理防护

## 培训单元 1　道路交通事故处理

1. 了解道路交通事故处理的相关知识。
2. 掌握道路交通事故处理的流程。

### 一、道路交通事故的定义

车辆在道路上因过错或者意外造成人身伤亡或财产损失的事件称为道路交通事故。

### 二、道路交通事故的分类

根据严重程度不同，道路交通事故可分为四类。

#### 1. 轻微事故

轻微事故是指一次造成轻伤1至2人，或者财产损失机动车事故不足1 000元，非机动车事故不足200元的事故。

### 2. 一般事故

一般事故是指一次造成重伤 1 至 2 人，或者轻伤 3 人以上，或者财产损失不足 3 万元的事故。

### 3. 重大事故

重大事故是指一次造成死亡 1 至 2 人，或者重伤 3 人以上 10 人以下，或者财产损失 3 万元以上不足 6 万元的事故。

### 4. 特大事故

特大事故是指一次造成死亡 3 人以上，或者重伤 11 人以上，或者死亡 1 人同时重伤 8 人以上，或者死亡 2 人同时重伤 5 人以上，或者财产损失 6 万元以上的事故。

## 三、道路交通事故责任的分类

1. 因一方当事人的过错导致道路交通事故的，承担全部责任。

2. 因两方或者两方以上当事人的过错导致道路交通事故的，根据其行为对事故发生的作用以及过错的严重程度，分别承担主要责任、同等责任和次要责任。

3. 各方均无导致道路交通事故的过错，属于交通意外事故的，各方均无责任；一方当事人故意造成道路交通事故的，他方无责任。

# 道路交通事故处理

## 一、操作准备

### 1. 实训场所要求

实训场所应具备教师演示和学员练习两个功能，选择人员流动性小、遮风挡雨、安静的场所。

### 2. 实训设备要求

准备模拟事故车辆，通信设备。

## 二、操作步骤

步骤 1　发生各类行车事故后，配送员在确保安全、减轻或不扩大事故危害的前提下，立即停车拨打122报交警，告知事故发生的时间、地点、车辆、肇事人姓名、伤亡情况、预计经济损失、责任和事故概况，等待交警查勘现场并开具道路交通事故认定书。如果不在交警职权范围内可拨打110报警，拿到受案回执。

步骤2　事故中如有人员受伤要及时送到二级及以上公立医院就医，或者拨打120急救热线。采取有力措施减少事故损失，保护好现场，因抢救伤员须变动现场的，应标明车辆、人员等的位置。

步骤3　造成财产损失的（如车辆受损）应及时拨打保险报案电话进行定损。

### 三、注意事项

1.如果骑行道路没有划分非机动车道和机动车道，配送员应靠右侧骑行。

2.事故发生后的处理过程中，配送员不得逃逸、串供、谎供和伪造现场，不得在有能力的条件下不作为。

# 培训单元2　保险报案与处理

1.了解配送险理赔范围及理赔材料。
2.掌握保险报案与处理的流程。

## 一、配送险理赔范围

### 1.意外伤害

因意外伤害造成伤残、死亡或者猝死的最高赔偿金为60万元。意外伤害是指突发、外来、非本意、非疾病造成的配送员身体损伤，如果因配送员自残、自杀或者打架斗殴等行为造成伤害的不属于保险理赔范围。

## 2. 意外医疗

最高赔偿限额为 5 万元。配送员在二级及以上公立医院就医，在社保范围内的合理医疗费用 100% 赔付。紧急情况下可就近就医，不限医院类别。医疗费用范围包括挂号费、治疗费、手术费、床位费、检查费（以 300 元为限）及非自费药费部分，不包括受伤配送员的陪护费、伙食费、营养费、交通费、取暖费、空调费以及安装假肢、假牙、假眼和残疾用具的费用等。

## 3. 突发疾病身故

在工作时间和工作岗位，身体急性症状发生后即刻或 48 h 内经抢救无效死亡（因既往病症导致的猝死属于除外责任）。如发生猝死事故，出险后需由有资质的鉴定机构出具尸检报告以便确定猝死原因。

## 4. 配送员造成第三者人身伤害

配送员因意外事故造成第三者人身伤害，若导致第三者伤残，应根据伤残等级评定按照对应比例给予赔偿金。第三者受伤住院最高赔偿金额为 20 万元。

## 5. 配送员造成第三者财产损失

配送员造成第三者财产损失的，扣除 300 元免赔金额后，最高赔偿 5 万元。

# 二、理赔材料

## 1. 配送员意外身故所需材料

索赔申请书；被保险人身份证复印件；被保险人劳动合同复印件；工伤事故报告、工伤认定证明等材料；死亡证明；与被保险人家属签署的赔偿协议，被保险人家属身份证复印件，被保险人及家属户口本复印件；涉及交通事故的必须提供道路交通事故认定书；根据案件进展所需要的其他材料。

## 2. 配送员意外伤残所需材料

索赔申请书；被保险人身份证复印件；被保险人劳动合同复印件；被保险人撰写的情况说明，需由被保险人签字确认；工伤事故报告、工伤认定证明和伤残等级评定等材料；与被保险人签署的赔偿协议；涉及交通事故的必须提供道路交通事故认定书；根据案件进展所需要的其他材料。

## 3. 配送员意外医疗所需材料

索赔申请书；被保险人身份证复印件；被保险人劳动合同复印件；被保险人撰写的情况说明，需由被保险人本人签字确认；被保险人就诊的所有医疗费票据原件（医疗收费票据、诊断证明、病例、处方单、检查报告单等）；与被保险人签署的赔偿协议；涉及交通事故的必须提供道路交通事故认定书；根据案件进展所需要的其他材料。

**4. 第三者人身伤害所需材料**

索赔申请书；被保险人身份证复印件；雇员身份证复印件；雇员劳动合同复印件；雇员撰写的情况说明，需由雇员本人签字确认；受伤第三者就诊的所有医疗费票据原件（医疗收费票据、诊断证明、病例、处方单、检查报告单等）；涉及交通事故的必须提供道路交通事故认定书；出险时的订单截图；第三者身份证复印件；雇员已赔付第三者的赔付协议；根据案件进展所需要的其他材料。

**5. 第三者财产损失所需材料**

索赔申请书；被保险人身份证复印件；雇员身份证复印件；雇员劳动合同复印件；雇员撰写的情况说明，需由雇员本人签字确认；第三者受损财产维修清单及发票原件，受损财产照片；涉及交通事故的必须提供道路交通事故认定书；出险时的订单截图；第三者身份证复印件；雇员已赔付第三者的赔付协议；根据案件进展所需要的其他材料。

## 保险报案与处理

### 一、操作准备

1. 实训场所要求

实训场所应具备教师演示和学员练习两个功能，选择人员流动性小、遮风挡雨、安静的场所。

2. 实训设备要求

准备模拟事故车辆，通信设备。

### 二、操作步骤

步骤1　理赔申请。事故处理妥善后，配送员及时点击配送员保险中的我要报案，如图5-5所示。正确填写出险时间、地点、事故经过等基本信息，如图5-6所示。

培训模块五　安全与质量管理

图 5-5　我要报案

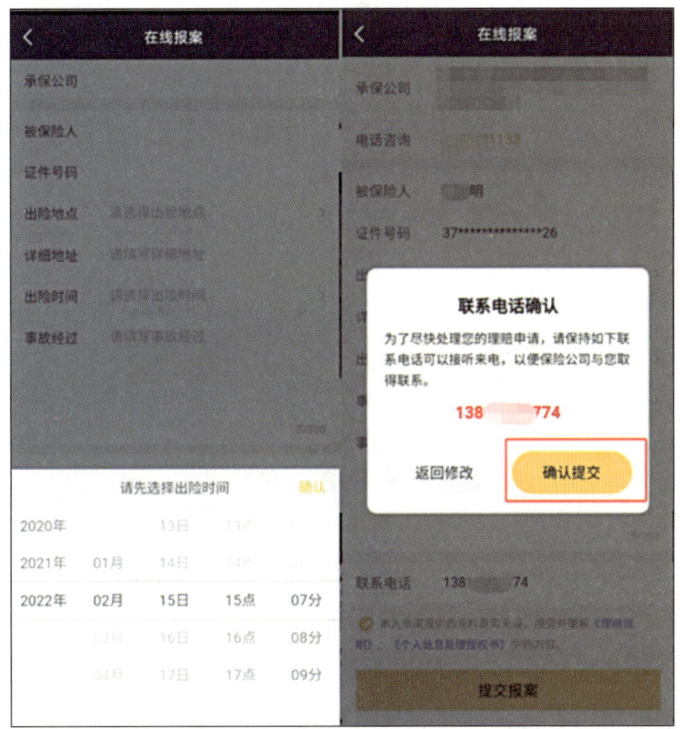

图 5-6　在线报案信息填写

111

步骤2 上传材料。报案后等待审核，审核通过后在配送员保险的理赔进度中找到对应案件后根据要求上传理赔材料（如有疑问及时联系保险公司客服，不同事故的理赔材料要求不同），如图5-7所示，保险公司会在3个工作日内完成材料审核。

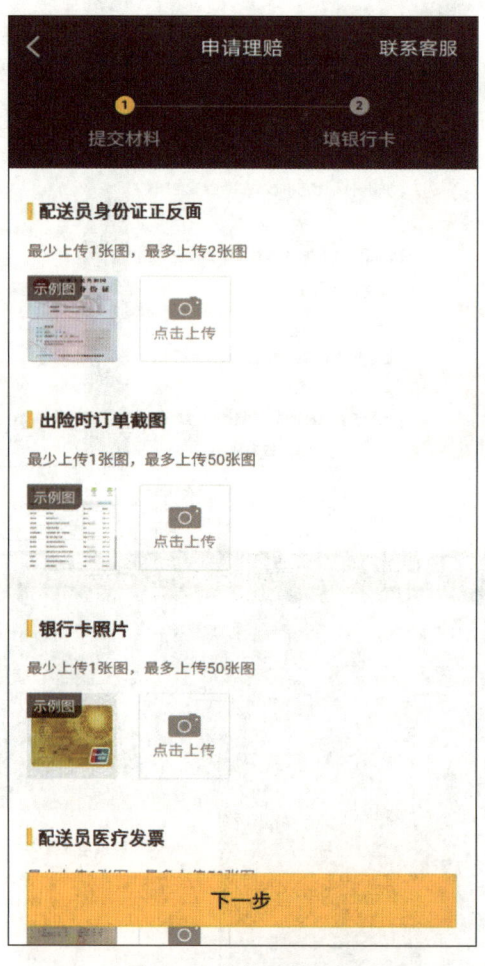

图5-7 上传理赔材料

步骤3 等待材料审核。可随时进入理赔进度界面查询进展，如图5-8所示。如果报案信息有误或者无需报案，可在理赔进度中撤销案件。若材料提交不全，需继续补交材料。

步骤4 材料提交齐全后，保险公司将根据保障责任审核并支付相应理赔款。理赔结束后配送员可以对本次理赔服务进行评价，如图5-9所示。

培训模块五　安全与质量管理

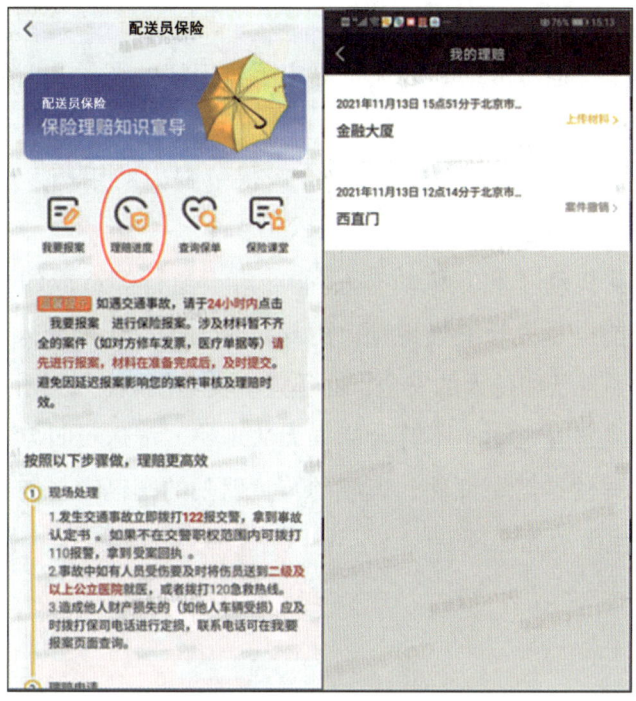

图 5-8　理赔进度查询

图 5-9　理赔评价

113

### 三、注意事项

1. 配送员发生交通事故时，因无法界定手机损坏的场景和时间，所以配送员的个人物损（手机）是不在理赔范围内的。

2. 配送员在配送过程中若被狗咬伤，医保范围内的用药、检查和治疗均可报销。

3. 酒驾（包括机动车和非机动车）、闯红灯、逆行等造成的意外伤害无法理赔。保险理赔的前提是遵守交通规则，酒驾、闯红灯、逆行等行为会失去意外险的保障，所以为了自己和行人的安全，必须遵守交通规则，安全上路。

4. 无证驾驶或驾驶机动车不符合标准无法理赔。配送员日常使用的电动摩托车属于机动车，驾驶是需要证件、牌照的，且驾驶的车辆需要与驾驶证的准驾车辆相符，否则发生事故无法理赔。